中国西南民族象形文字资料集

A Collection of Hieroglyphic Data of Minorities in Southwest China

上

宋兆麟　主编

Editor　Song Zhaolin

學苑出版社

Academy Press

图书在版编目（CIP）数据

中国西南民族象形文字资料集／宋兆麟主编．－北京：学苑出版社，2011.4

ISBN 978-7-5077-3774-5

Ⅰ．①中… Ⅱ．①宋… Ⅲ．①少数民族－表形文字－资料－西南地区 Ⅳ．① H2

中国版本图书馆 CIP 数据核字（2011）第 057939 号

ISBN 978-7-5077-3774-5

9 787507 737745 >

出 版 人：孟　白
策　　划：刘　涟
责任编辑：洪文雄　　杨　雷
装帧设计：徐道会
出版发行：学苑出版社
社　　址：北京市丰台区南方庄 2 号院 1 号楼
邮政编码：100079
网　　址：www.book001.com
电子信箱：xueyuan@public.bta.net.cn
销售电话：010-67675512　67678944　67601101（邮购）
经　　销：新华书店
印 刷 厂：北京信彩瑞禾印刷厂
开本尺寸：787×1092　　1/16
印　　张：20
版　　次：2011 年 4 月第 1 版
印　　次：2011 年 4 月第 1 次印刷
定　　价：480.00 元（精装上下册）

目录

Contents

综述

《中国西南民族象形文字资料集》，归集了 20 世纪 80 年代以前，我在西南民族地区调查中搜集到的图像历书、经书等民间文献资料。这些资料，对于研究民族文字和语言文字的产生和发展，以及研究民族地区的历史文化和社会生活均有积极意义。

一、问题源起

我对民族图像的调查研究，起源于对川滇之间泸沽湖摩梭人“女儿国”的调查和研究。

中国的纳西族有两个支系：一支是西部方言支系，俗称纳西族，主要分布在云南丽江、维西等地，流行东巴教；一支是东部方言支系，俗称摩梭人，主要分布在四川盐源、云南宁蒗等地，流行达巴教，一般认为没有文字。

1940 年 9 月，庄学本在《良友》上发表文章，提及“文字为简单之图画，属原始的象形文字，而应用只限于经典。”[1] 但庄学本所指具体为何种文字，并没有交代。

1963 年初，我在云南宁蒗的达坡村从达巴手中得到一本占卜书。这本卜书每页有 15 个格，每格有一两个图画字，封面上也有图画字。鉴于当时的历史条件，这本卜书被我带回北京后，立刻藏于国家博物馆库房，便如石沉大海，种种关卡使我与它无缘相见，也就谈不上研究了。

“摩梭人有刻划记事符号”的报道[2]，最早见于20世纪80年代杨学政先生的研究。杨先生从云南宁蒗的永宁温泉村达巴马高汝和四川盐源县逗罗河达巴喇发益史等人手中，搜集到摩梭卜书（称“瓦拉片抄本”），并对此做了研究[3]。

2000年夏天，我五访泸沽湖，把寻找摩梭文字作为一个重要课题。参与这次调查的学者共有九位，有人调查民间文学，有人调查走婚变迁，有人调查马帮文化，我则重点调查摩梭达巴有无经书。经过半个月的走访，我到过的四川的几个村落都发现有达巴所用的卜书。其中在盐源县前所三家村发现一本（称“三家村抄本”）；在木里县利家嘴村发现两本，一本是用钢笔抄录的（利家嘴抄本），另一本是彩绘的（称“利家嘴彩绘本”）；在木里县屋脚村发现一本（称“屋脚抄本”），其特点是上为摩梭象形文字，下有藏文注释。如果加上杨学政先生所介绍的“瓦拉片抄本”，当时就已发现五种抄本，为进一步探讨摩梭人的卜书及其象形文字提供了有利的条件[4]。

上述事实说明，摩梭人也使用象形文字，他们用这些象形文字，书写占卜书或者经书。这里我把他们使用的象形文字，称为“摩梭文”或“达巴文”。

摩梭文的发现，打破了“东巴文是唯一的象形文字”的论断。由此我们不禁要问：除了纳西族的东巴、达巴有象形文字外，当地其他民族是否也有象形文字呢？通过调查，回答是肯定的。

1981年初春，我在四川大凉山一带参与唐宋岩画考古时，看到一本耳苏人的《母虎历书》。这本历书以生肖图像记日，还绘有象形文字。此历书引起我们极大重视，为此，特去甘洛县进行了短期调查。耳苏人是藏族的一个支系，有许多国画式的经书，也有象形文字卜书。后来我们以《一部罕见的象形文历书——耳苏人的原始文字》为题，在《中国历史博物馆馆刊》上发表文章[5]，公布了调查结果。

从以上调查可以看出，我们大体掌握的情况是，当时在西南民族地区就发现有三个族群使用象形文字。这件事令人思考不少问题，如，西南地区到底有多少民族、族群使用象形文字？这些象形文字之间有什么关系？等等。按理说我应该跟踪调查下去，但鉴于当时的情况，只能做一点割舍。幸亏当时西昌有一位助手，答应为我继续做某些未了的工作。后来他收集到不少耳苏人、纳木依人、普米族和藏族其他支系等当地族群、民族使用的经书，其绝大部分为本教经书，大同小异。

. 纳西族石刻上的东巴文

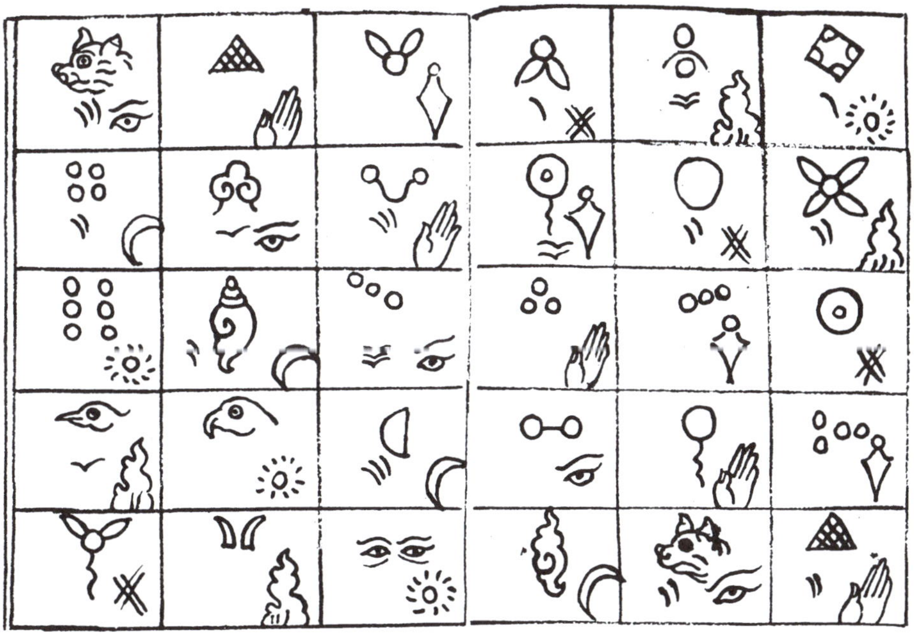

摩梭人《卜书》上的象形文字

二、西南民族象形文字调查

20 世纪中后期，我曾在西南民族地区做过不少田野调查工作，接触过不少民族语言文字，其中包括纳西族东巴象形文字。东巴文是珍贵的象形文字，但说东巴象形文字是世上“唯一的象形文字活化石”就太绝对了。据实地调查，在西南民族中，使用类似于东巴象形文字的民族或族群，绝不仅限于纳西族，纳西族摩梭人、藏族耳苏人、藏族纳木依人、彝族、羌族、普米族等都有象形文字在使用。事实上我国西南民族地区应该存在着一条象形文字链，纳西族东巴文只是其中比较明亮的一环，还有更多的象形文字环在发光闪亮，只是没有为世人所了解。

（一）纳西族东巴象形文字

在云南丽江、维西、宁蒗和四川木里、盐源等地，都有纳西族分布。纳西族的祭司东巴有三种记事方法：一种是图画、一种为音节文字、一种为象形文字。李方桂先生就持此说法[6]。傅懋勣先生也认为东巴文包括图画、音节和象形三部分，其中的象形文字并不占多数[7]。不过，就中国各民族文字来说，东巴象形文字的数量是最多的，内容也十分丰富。

（二）摩梭人达巴象形文字

摩梭人为纳西族的一支，主要分布在云南宁蒗永宁、四川盐源左所、四川木里屋脚等地。该族信仰达巴教。宗教主持人为达巴。过去一般认为摩梭人无文字，但在 20 世纪 40 年代已经有人指出当地有一种“原始文字”。近些年调查也发现达巴有一种“象形文字”，称达巴文，用以写《格木经》，相当于占卜或历书。

（三）耳苏人的象形文字

1981 年春天，我们结束了在四川木里俄亚村的田野调查，在西昌邛海暂住。其间有两件安排之外的事：一是应凉山彝族自治州的邀请，到昭觉博什瓦黑进行了唐宋岩画调查[8]；另一件是耳苏文字调查。

对于耳苏文字的调查，始于当时甘洛县耳苏人（现归为藏族）杨光才老人给我们看的一本《母虎历书》。该历书的封面上绘有四只老虎，代表不同季节，因此称为《母虎历书》。该历书共 24 页，每页上绘 15 格，共绘 360 个格，代表

耳苏人《母虎历书》封面

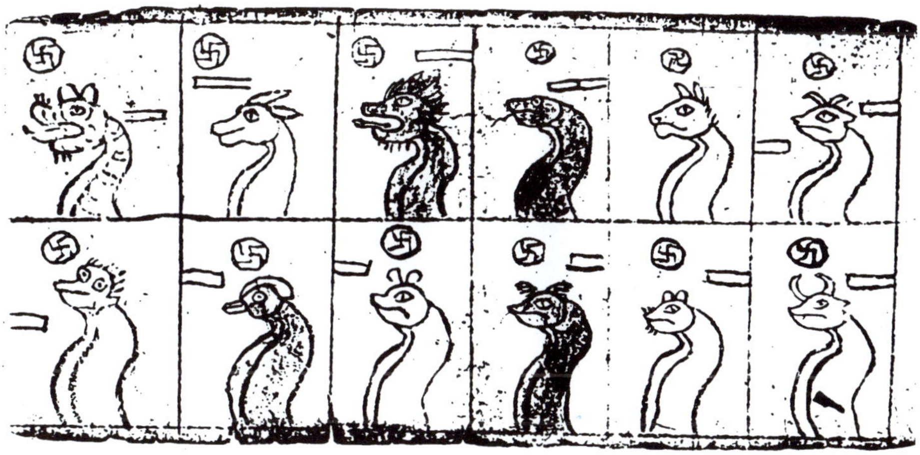

耳苏人生肖图

360天。每格绘有一代表日期的生肖头像，还绘有两三个象形文字。我们初识《母虎历书》像看天书一样，因而专程到耳苏人村落进行调查。

耳苏祭司叫“沙巴”，他们一般使用两种经书：一种是象形文字经书，我们所见的《母虎历书》就是代表。一种是图画经书，祭司照图念经。图画经书中有一种《指路经》（亦称《送魂经》），是沙巴念给亡灵的，目的是送亡灵回归祖居地，与远祖团聚。据说，《指路经》上所示路线，就是耳苏人南下到此定居的路线。我收集到一卷《指路经》，纸本，其长达10米，绘有近百幅图，从纪年看应是清朝道光年间或更早的作品。为此我曾著有《寻根之路——一种神秘巫图的发现》一书[9]。

（四）纳木依人的象形文字

纳木依人与耳苏人生活在同一个区域内，现划归为藏族。纳木依人也信仰民间宗教，称祭司为“帕比”。纳木依帕比也有两种经书：一种是用图画写的，使用于占卜、祈财、医疗、送葬等；一种是用象形文字写的，主要是“卜书”。纳木依帕比的“卜书”与耳苏人的《母虎历书》类似，也是用360个格子代表360日，但格子内无生肖图，仅有象形文字，表示当天的吉凶祸福。

纳木依人古称“摩梭”，意为“黑人”，其意与“纳西”之意相同。纳木依人与摩梭、纳西族群在交往、婚配和民俗上也多相近。据调查，纳木依人与纳西族都曾是氐羌后裔，后来他们沿雅砻江南下，抵丽江的一支，成为纳西族；抵泸沽湖的一支，成为摩梭人；停滞在雅砻江流域一带的，就是纳木依人[10]。因此，纳西族、纳木依人都使用象形文字是不奇怪的，只是前者的象形文字复杂、数量多，后者的象形文字简单、数量少，未得到充分发展。至于谁保留的象形文字形态更古老，还有待于调查和研究。

（五）彝族的象形文字

彝族是我国有文字的民族之一，在其祭司“毕摩”的手中，有不少手抄本的彝经，这些经书多借助于古汉文和后世的真、草书作为书写符号表示音节[11]。彝族文字主要是音节文字的论断，得到罗常培、傅懋勣[12]、李方桂等名家的首肯[13]。但彝经中也有不少象形文字，如祖先、牛、马、羊、鸡，等等。马学良先生认为，“从造字之本体来说，彝文属象形文字之列（含意象文字）”。[14]尽管彝经中的象形文字不占大宗，但数量并不少，说明也具有使用过象形文字的历史。此外，彝经除大量使用音标文字、象形方字书外，还有大量图画，张纯德主编的《彝族古代摩毕绘画》一书就是例证，该书中的摩毕绘画，基本属于占卜性图画经书[15]。

（六）普米族的象形文字

既然与普米族为邻或杂居的摩梭人、耳苏人、纳木依人、纳西族、彝族等，都有或多或少地使用象形文字，那么普米族是否也有象形文字呢？这是值得重视的。

出版物《普米族研究文集》中刊有一部《汉规经书》（普米族的祭司称“汉规”），是象形文字写的。说明普米族也有象形文字[16]。

1981年2月1日，因做田野调查我来到四川木里的抓子村。该村东临冲天河、北为抓子河，坐落在金沙江北岸半山腰上，呈半环状布局，民居多为干栏式。

我住在普米族汉规巴比喀西家，等看热闹的人们散去后，巴比喀西老人拿出一个布包，布包里有三本书。其中两本是藏文经书；一本是用象形文字写的历书，老人称其为“看日子的书”。记得当时我曾试探要把历书买下来，但老人不肯卖，我只好拍两张照片留念。后来我曾翻阅自己这个时间的日记（“俄亚调查日记”），其中第一册记录了 1981 年 1 月 12 日至 2 月 8 日的事情，在 2 月 1 日有下述记载：“泽达吉吉，算日子的书。巴比喀西，主人。”据我调查，普米族有三种记事方法：一种是“拴羊毛疙瘩”，类似木刻记事；一种是用图画记事，多绘于墙上；一种是用象形文字书写，如上述的历书。

让人欣慰的是，近年，清华大学赵丽明教授率领学生赴西南调查民族文字，发现了大量普米族汉规的经书。

（七）藏族的象形文字

藏族原来无文字，《新唐书 · 吐蕃传》：“其吏治，无文字，结绳凿木为约”。在 7 世纪松赞干布时代发明了文字，但各地、各部落语言文字不一。经过几百年的努力，藏文在 9 世纪得到统一，并沿用至今。藏文属于拼音文字[17]，有 30 个辅音音和 4 个元音符号，另有 5 个反写字母。

藏族分布广、支系多，其记事方法大体有三种：一种藏文记事，著述很多；一种为图画书，目前我们所见的一些古老的藏医书，就是由图画构成的；一种为象形文字书写的书，如前述的耳苏人的母虎历书、纳木依人的历书；四川武平和甘肃文县居住的白马藏族的象形文字历书。以上藏族几个支系使用象形文字书写经书，是藏族有象形文字的佐证。

三、西南民族象形文字链

上述摩梭人、耳苏人、纳木依人以及纳西族、普米族、彝族、藏族使用象形文字的事实，说明以下三个重要问题。

（一）在西南民族地区有一条象形文字链

我国西南民族地区，大抵是指四川西南部和云南西北部地区，这里主要生活着纳西族、彝族、普米族、藏族，以及摩梭人、耳苏人、纳木依人等族群，在这些民族中，或多或少地保留有象形文字。

我国的文字，是以甲骨文为象征的主体文字，由典型的象形文字发展而来。虽经过几千年的发展、演变，但“象形”之要素一直存在于汉字之中，这是中国文明连续发展的重要标志。有趣的是，到了近现代，真正意义上的象形文字依然存活在我国西南广大的民族地区，特别是在纳西族、彝族、普米族、藏族中多有使用。从文字发生学来说，象形文字来自图画，而图画与象形文字并存，且活态于以上民族之中。由此看出，在我国西南地区，存在着一条象形文字链。这条文字链，基本上与彝藏民族走廊相一致[18]，其每一个环节都散发着熠熠的光芒。

西南各民族的象形文字，都是我国古代象形文字的遗存。在我国西北甘青地区，史前彩陶上流行书写或刻划符号，其中有些就是象形文字[19]。这些符号的主人，与氐羌有密切的联系。由于中原文化的压力和影响，有些氐羌族群南下，沿着川西走廊或彝藏走廊，自北向南迁徙，从而在西南广大地区形成许多民族，即西南夷各支系。

值得注意的是，巴蜀文化也有象形文字，这在各种青铜器上有明显反映。巴蜀对南下的氐羌必然有重要影响，羌族《刷勒日》即为图画经书。西晋时代的《夷经》也有同样作用。

当时的“耆老”实为祭司，曾是“王”的助手，既懂宗教，又掌握文化，社会地位较高，而《夷经》正是耆老的经典，其中就有不少象形文字。张华在《华

纳西族木刻上象形文字

阳国志·蜀中志》中说，“夷中有桀点，能言议屈，服种人者，谓之耆老，便为主论议。好譬喻，谓之‘夷经’，今南人言论，虽学者亦半引‘夷经’。诸葛亮乃为夷作图谱，先画天、地、日、月、星辰、城府；次画神龙，龙生夷及牛、马、羊；后画部主、吏、乘马、幡盖、巡行安恤；又画牵牛负酒，冽金宝诣之象，以赐夷，夷甚种之。”

诸葛亮做图谱完全是附会之词，但祭司用图画、象形文字编著经书却早已有之。后来形成的纳西族、彝族、藏族等也从中吸收了不少巴蜀象形文字和《夷经》等内容。徐中舒先生就认为，“巴文和么些（纳西）文……应具有一定的亲属关系。么些文可能是在巴文的基础上发展起来的。”[20]

（二）文字起源于巫

文字是谁发明的？从文字发生学上看，原始文字的发明与祭司（巫觋）有着极为密切的关系。以下民族资料可以证实。

摩梭人，一般民众并不使用文字，唯有祭司达巴用象形文字书写卜书，并且在达巴中传承。摩梭人的原始文字是达巴发明的。

纳西族西部方言区的祭司东巴，普遍使用东巴象形字书写，有上千种东巴经。而纳西族的一般民众并不认识和使用东巴文，东巴文为东巴的专用文字。

四川省甘洛县的耳苏人，属于当地藏族的一个支系。耳苏人的祭司沙巴使用耳苏沙巴文，用以书写《母虎历书》，但耳苏人一般民众不使用文字。类似文字在当地其他藏族中也较为流行，是本教祭司所专用的象形文字。

羌族图经《刷勒日》

沙巴祭祀

川滇彝族的祭司毕摩，以一种彝文记录各种经书，其中的占卜书是图画式的。这些文字只有毕摩使用，一般民众不使用。

贵州省三都县居住着水族的一个支系，其祭司鬼师发明有一种水族文字。这种水文一般民众不使用。

以上民族学资料说明，这些民族的一般民众并没有使用文字，但是他们的祭司却首先使用和发明了文字。民族学是这样，考古学亦是如此。山东大汶口文化的陶尊上已有象形文字，据有关专家研究，这种出自祭司墓中的陶尊就是祭器。考古资料也说明文字为祭司所创。甲骨文是商代祭司发明和使用的文字[21]，后来才流传到民间形成汉字。

为什么文字的发明与巫觋，特别是与祭司有密切关系呢?

首先，任何一种新生事物的出现都有强烈的社会需要。在漫长的原始社会，生产力水平低下，人们的第一需要是生存，不需要文字，也就不可能发明文字，这一点已被史前考古所证实。到了文明时代的前夜，即原始社会晚期，社会发生了急剧变化：私有财产、私有观念的出现，人们要求记录财产；强调门第出身，以便实行婚媾，要求记录氏族谱系及其有关历史；举行送葬、祭祖等活动时，巫师要如实陈述历史；氏族部落在进行交往时，要求有形的记录事实；为了不误农时，要求占卜要有所依据，等等。《图语·楚语》:“高祖之主，宗庙之事，昭穆之事，齐敬之勤，礼节之宜，威仪之则，容貌之崇，忠信之质，礼沽之服而敬恭明神者，以为之祝。”以上活动都需要有文字的出现，这就是强烈的社会需要，也是文字产生的动力。

其次，是发明文字的可能性和条件的出现。在原始社会，是由巫觋主持宗教活动的。到了原始社会晚期，巫觋中出现了一种大巫，也就是祭司，如前引《国语·楚语》中的“祝”。商代的贞人，本教的“古辛”。《本教流源》：“为王师者称‘喇辛’，待王左右者称‘古辛’”；“王极重‘古辛’之言，辛未发言，王不能发布命令。”这种祭司不仅是巫觋的首领，也是当时科学文化的主要保存者和传播者，他们不但通晓文字、历史，掌握天文历算和医药知识，还能解释习惯法和风俗规范，可以说祭司其实是智者、知识分子的前身。《史记·日者列传》引贾谊的话说：“吾闻古之圣人，不居朝廷，必在卜医之中。”卜医就是祭司。他们的社会地位很高，有较多的经济来源，可以与氏族显贵并驾齐驱。甚至有不少祭司是由氏族显贵担任的，是王的助手、军师，参与重大事件的决策。由于祭司可以“脱产”，有一定的闲暇时间，这就为他们搜集和总结经典、发明文字提供了可能。贝尔纳说得好：“这种人多少脱离那种整天生产食物和制作工具的工具，而专门施展幻术，为群众造福，以为报答。他们又负责，须有意识地保存传统知识，因而也要顾到这种知识在社会发展中所需要的修正工作，所以他们的古代先驱者就是神圣的君王、僧侣、哲学家和科学家们的世传文化祖先。”[22] 也就是说，祭司具有发明文字、记录经典的条件。我们的民族学、考古学资料恰恰证实了这一点。

最后应该指出，我国古代的王权是至高无上的，高于神权，祭司是依附于王权的，这是中国信仰的特点之一。

（三）西南民族象形文字链对探讨文字起源的重要意义

文字是文明社会的标志之一。文字是怎么起源的？这是人们关心的问题。无论从商周甲骨文看，还是从我国西南民族象形文字看，古老的象形文字都为祭司所掌握，并且为其所使用，一般民众是文字的局外人。这一事实说明，文字起源于巫，尤其起源于巫的高级阶层——祭司[23]

文字有一个发生、发展过程，有人说文字起源于刻划符号，但刻划只是远古记事方式之一，对发明文字有一定启发，不过难以找出两者的必然联系。事实上，西南民族也有一种刻在房子上的符号，只起记事作用，与巫经并无联系[24]。西南民族曾普遍使用三种经书：一种是用图画绘制的图经，类似连环画小人书，祭司看图诵经，可以占卜、看日子、送鬼、安葬。据研究，我国古代的《山海经》即起源于巫图；一种是用象形文字书写的经书，主要是卜书、历书；还有一种是受藏族文化影响传入的藏文经书，但此类经书只是利用藏文字母记录本民族经典，只有懂本民族语言、又识藏文字母者才能阅读，一般藏族学者并不能解读。

从上述事实看，我国的文字起源大抵可以分三个阶段。

第一阶段是图画。图画虽然不是文字，但却是经书的最早形式，此现象在西南诸民族中最为明显。图画应该是文字起源的土壤和根源。

第二阶段是象形文字。象形文字是在图画经书的基础上，经过提炼加工，把图画中最有象征性的图像简化为亦图亦文的象形文字。用象形文字书写的经书很多。

第三阶段是汉族方块字。

通过以上分析，可以确认我国西南民族，尤其是川滇地区民族有一条象形文字链，源自氐羌的历史把它们串连在一起了。但是，由于中国社会转型，民族地区发生巨变，西南民族象形文字链正处于萎缩、濒危和消失状态，其传承下去已不可能。

在这条文字链消失之前，我们急切要做的就是进行民族文化的抢救工作，具体有三点。其一，进行抢救性调查，写出调查报告，附带插图，以传后世；其二，尽可能地把与上述象形文字有关的民俗、信仰活动拍摄和录音下来，记录客观现实；其三，把上述图经、象形文字历书，以及与其有关的神偶、祭司用具、法器、巫术道具等实物搜集起来，送进博物馆收藏。特别要对上述象形文字进行解读，否则将留下无法弥补的遗憾。

三、濒危中的“绝学”

由于历史的原因，我国文博界有一个问题，不愿意把收藏公之于众，宁可让文物资料在库房里睡大觉。这严重地制约了文物研究水平的提高。事实上，很多文物，是几个人、几个机构，乃至几代人，都研究不完的。公开文物资料，让各路学者、各种人群都有机会和可能来参与研究，才能使文物的秘密早些大白于天下。基于上述想法，我愿意把收藏多年的西南民族和族群的经书、历书和其他图像文字资料整理出版，以引起公众对这些濒临灭绝的民间文化的重视

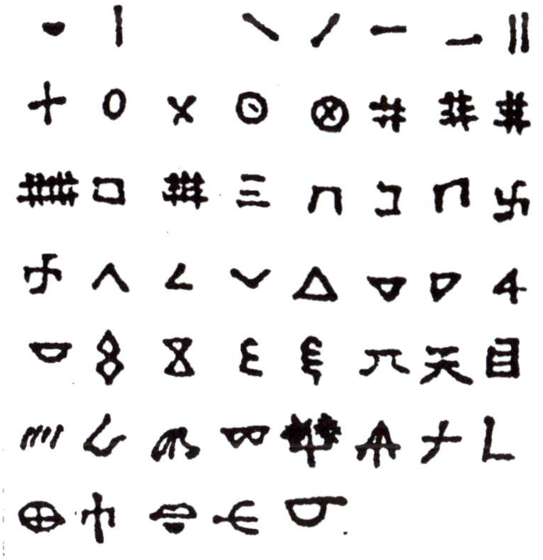

青海彩陶上的书写符号

石寨山文化铜器上的象形文符号

石寨山铜器上南下的羌人图像

和保护。

最近有些学术报刊对“绝学”的研究和保护，进行了热烈的讨论，参与的学者和文章都颇多。我读后感触良多，总的感觉是：“绝学”其实未绝，倒是要绝的没人理睬。例如，西南民族或族群的那些经书、历书和象形文字，才应该是真正的“绝学”呢！

（一）“绝学”未绝

每个时代都有自己的文化，有些民族还有自己的文字，如商代有甲骨文、辽代有契丹文、西夏有西夏文、清朝有满文等。但是随着社会的历史变迁，有些文字有着旺盛的生命力，继续被使用，如汉文、藏文等文字；有些文字则消失了，如甲骨文、契丹文、西夏文等，它们失去了社会功能，似乎变成了“绝学”。目前这些“绝学”在学术层面，有不少专家在进行研究，“绝学”中的甲骨文专家、契丹文专家、西夏文专家等大有人在。他们辛勤耕耘，并有明确的师承关系。这些文字的传承不是社会性传承和活态传承，而是专家学者层面的高端传承，这便是“绝学”未绝的见证。当然对这些“绝学”，加强人才培养、确保后继有人是必要的。

（二）要绝的无人理睬

社会转型，世界经济一体化和商品经济的刺激，进一步冲击着中国传统文化。这种冲击在落后的民族地区更甚。就以民族文字来说，资源是极其丰富的，俗话说水很深、道很远，需要经过几代人发掘、研究才能弄清楚。事实上，凡做学问，如同接力赛跑，要通过一棒接一棒才能抵达终点。目前，在西南民族文字研究上，我们只做了一点点工作，看到了不少图经和象形文字，跑了并不怎么样的“第一棒”。不过现在的社会情形是严峻的，这些古老文字是依靠人数不多的巫觋来传承的，但老一辈巫觋一个个离去，“人死艺绝”，民族图像和文字消失的速度和无人解读的状态，不容乐观。事实上，这些深藏于民间的民族图像和文字，倒是真正变成了“绝学”。这就是“要绝的无人理睬”的现实。

为了科学研究史料，也为唤起人们对真正“绝学”的关注，我们整理了《中国西南民族象形文字资料集》一书，为大家奉献上了第一手的田野调查资料。本书收录的文献资料，就其反映的主要内容而言，有神像册、图语书、巫经、占卜图、送魂经和历书等内容。

1. 神像

西南民族民间信仰所供奉的神像颇多。例如，藏族各支系民间信仰供奉的神像除藏佛教诸神外，主要供奉本教主神辛饶米沃且，还有天神、战神、地神、龙神、鸟神，等等。从藏族若干支系巫师所供奉的神灵看，主要是藏族佛教的神，也有一些民间神像。

2. 图语书

在西南民族地区，无论是耳苏人，还是纳木依人，巫师（祭司）刚刚当沙巴或帕比时，都从学习开始，除了跟随师父从事民间信仰活动，从中身行言教外，还看一种图，即图语书。图语书是一种综合性的巫书，包括神灵、信仰、占卜和各种宗教活动。

3. 巫经

藏族本教有自己的经书，主要形式是图画经书，又称巫图、图经，还有少数由象形文字写成的卜书或历书。照图诵经是巫觋的重要诵经形式，由于对图经理解不一，所以各个巫师虽然念的内容大同小异，但也各有特点。

4. 占卜图

在西南民族地区有许多占卜技术，如蛋卜、鸡卜、谷卜、骰子卜，等。其中骰子卜有两件占卜工具：一是一种以蛙为主的占卜图，将其铺开，然后取一枚骰子，往蛙身上投掷，然后看骰子滚向何处，并且根据方位和骰子点数，再解释占卜结果。

5. 送魂经

本教信仰灵魂存在，人死后必为亡者诵经，把亡灵送到祖先居住地去，祈望与故人在一起生活于阴界。因此藏族本教有一种送魂经。

送魂经，当地藏族称为路票、案子，发音为“错布露骨”，实为开路经。它有点儿像纳西族的神路图。但有三点不同：首先，神路图是纵幅的，送魂经是横幅的。第二，神路图受藏传佛教影响较大。第三，送魂经上为图，下为文字注释。

1981 年我搜集到一件《送魂经》，纸本，高 20 厘米，长 10 米，两头有木轴。这种卷轴经卷，平时卷起来收藏，使用时打开，供沙巴念经。为了防止毁坏，经卷的两头用蓝布包封。该经卷自右而左、上图下文，绘有风景、人物、动物、植物、鬼神。大体说来，是巫师把亡魂从家室带到祖先居住的地方，行程由近及远，千辛万苦，送亡灵与祖先住在一起。路上每到一个地方，都以一定的图像为标记，告诫亡灵走路的禁忌、该住就宿、该行就走。

6. 象形文字历书

西南民族民间以生肖记年、记月、记日。生肖图是巫图，又是最早的象形文字历书。摩梭人，耳苏人、纳木依人和普米族中都有象形文字历书。

在整理出版时，对于这些不同文献，除前言和简要介绍外，基本是保持文献原貌，将原始文献史料完整的呈现。这些完整、原始的民间文献资料，将为西南民族和族群关系的研究，以及当地社会生活、历史文化的传承与演变研究，提供重要的依据。

1《良友》，1940 年 9 月号。
2 宋兆麟：《日月之意》，上海文艺出版社，1997 年。
3 杨学政：《摩梭人达巴卜书及原始符号研究》，载《史前研究》1986 年第 3、4 期。
4 宋兆麟：《摩梭人的象征文字》，载《东南文化》2003 年第 4 期。
5 刘尧汉、宋兆麟等：《一种罕见的象形文字》，载《中国历史博物馆馆刊》1981 年第 1 期。
6 李方桂：《中国的语言和方言》，载（美国）《语言学报》1973 年创刊号。
7 傅懋勣：《纳西图画文学与象形文字的区别》，载《东巴文化论集》，云南人民出版社，1991 年。
8 宋兆麟：《凉山博什瓦黑石刻画像调查简报》，载《中国历史博物馆馆刊》1982 年第 2 期。
9 宋兆麟：《寻根之路——一种神秘巫图的发现》，（北京）学苑出版社 2004 年版。
10 宋兆麟：《会说话的巫图》，（北京）学苑出版社，2004 年。宋兆麟《达巴教与达巴文》，载《民族学报》（第四辑），（北京）民族出版社，2007 年。
11 陈士林：《彝文研究的基础和前景》，载《中国民族古文学研究》，（北京）社会科学出版社 1984 年。
12 罗常培、傅懋勣：《国内少数民族语言文学概况》。
13 李方桂：《中国的语言和方言》，载（美国）《语言学报》1973 年创刊号。
14 马学良等：《彝族文化史》，上海人民出版社，1989 年。
15 张纯德：《彝族古代毕摩绘画》，（昆明）云南大学出版社，2003 年。
16 胡文明：《普米族研究文集》，（昆明）云南民族出版社，2002 年。
17 格勒：《藏族早期历史与文化》，（北京）商务印书馆，2006 年，第 383 页。
18 费孝通：《关于我国民族的识别问题》，载《中国社会科学》1980 年 1 期。
19 宋兆麟：《中国远古文化》，宁波出版社，2004 年，第 491 页。
20 徐中舒：《论巴蜀文化》，（成都）四川社会出版社，1981 年，第 27 页。
21 邵望平：《远古文化的火花——陶尊上的文字》，载《文物》1978 年 9 期。
22 贝尔纳：《历史上的科学》，（北京）科学出版社，1983 年。
23 宋兆麟：《文字起源于巫》，载《财富时报》2008 年 3 月。

A General View

Collection of Hieroglyphic Data of Southwest Minority in China embodies the hieroglyphic graphic data, which had been collected during the research in southwest areas in China before 80th of 20 century.

According to the research, there are minorities and races like Mosuo, Ersu, Nmuyi, Yi Minority, Qiang Minority, Pumi Monority and Zang Monority using Dongba Hieroglyphic which is similar to Naxi Minority's. Actually, there is a chain of Hieroglyphic in southwest area. Though Dongba is a brighter one, there're more Hieroglyphic rings which are shining. Few of them is known by the world.

The Hieroglyphic in Southwest is an inheritance of Chinese ancient hieroglyphic characters, which represents the outline from occurrence to development of Chinese characters. However, with the transformation of the society in China, there is a significant change in regional areas. The Hieroglyphic Chain in Southwest is experiencing shrinking and dying out, hence being hardly inherited.

The collection is the first hand data of field investigation. Contents mainly are about joss, graphic language book, witch scripture, auspicial scripture, funeral scripture and almanac, all of which have been presented originally and entirely.

The thorough and original data of field investigation will be served as a significant evidence for the research on the relationships of minorities and races in southwest, as well as the inheritance and evolvement of culture and history in this area.

一、纳木依人巫图和象形文字
Namuyi Wizard Graphics and Hieroglyphic

《纳木依人神像》（一）

Namuyi's Joss (I)

纳木依帕比供奉的神像图册。高 22.7 厘米，宽 10 厘米，共 6 页。散页，纸较厚。

其中一页上绘有一只猴子，并上绘日月星辰，下绘海水。其他五页均分上下两格，每格绘一尊神像，有释迦摩尼、观音、度母、财神、格萨尔等。从中看出沙巴已把藏族佛教，诸神纳入自己的纹饰中。

《纳木依人神像》（二）
Namuyi's Joss (1)

《纳木依人神像》（一）

Namuyi's Joss (I)

《纳木依人神像》（二）

Namuyi's Joss (1)

《纳木依人神像》（二）

Namuyi's Joss (II)

纳木依帕比供奉的神像。高23.4厘米，宽10厘米。仅存一页。纸较厚。

上下画格，分别绘有绿度母和宗喀巴。

《纳木依人图语书》

Scripture of Namuyi's Graphic Language

经书。高 22.5 厘米，宽 10.5 厘米。中式翻身，经折装，共 5 册。

各册内容不一，但极为丰富，是图语书中最厚重的一部。五册内容如下：

第一册：11 页。每页分三层，上、中层各绘一神像，下为生死故事。本册实为神像。

第二册：11 页。每页分五格，第一格为人间生活，第二格为生肖，第三格为佛像，第四格为矛、纺轮，第五格为生死故事，死后报应。

第三册：11 页。中间三页上绘一个圆圈，正中为佛祖，周围绘 24 格，每格绘一定人物。两侧为八格，各格有九宫文字。左侧二页，每页 12 格，绘山水、人物、动物。外二页，各组绘有人物、动物、矛等。

第四册：11 页。外二页绘 12 格，每格绘一个生肖，中心为蛙。内二页有 12 格，每格绘人物，正中为方型。右三页为九格，均为九宫图，再外为生死故事。

第五册：11 页。每页有五层：第一层为人生故事；第二层为生肖；第三层为佛像、文字；第四层为纺轮、矛；第五层为死后境况。

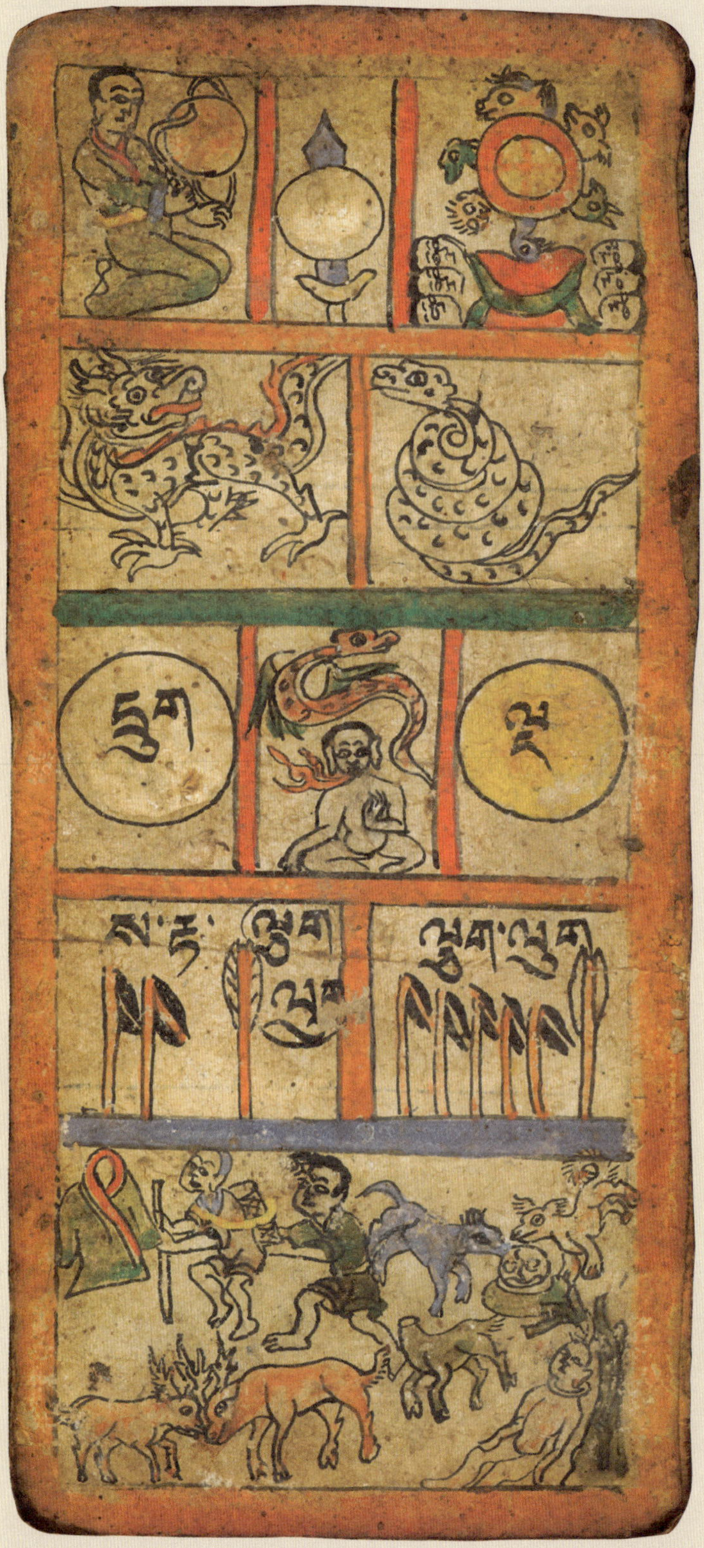

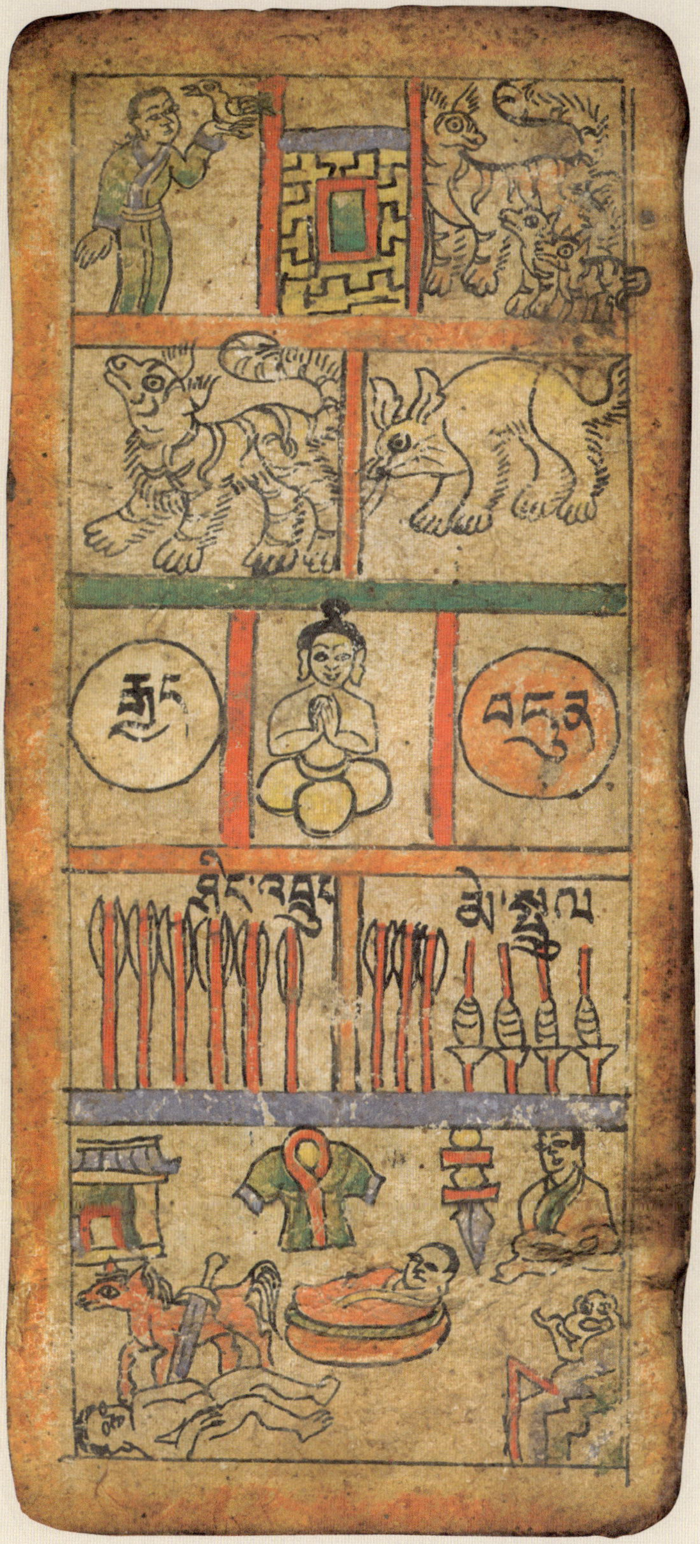

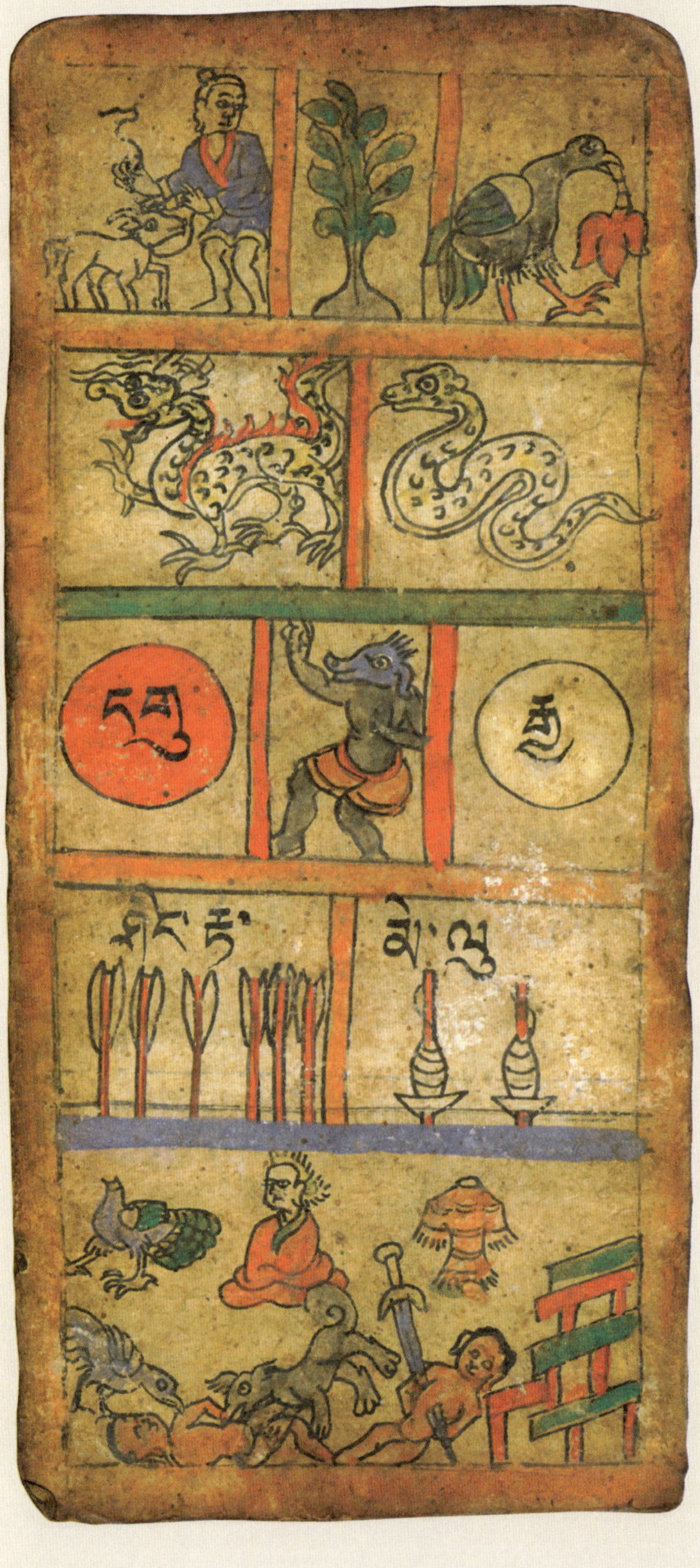

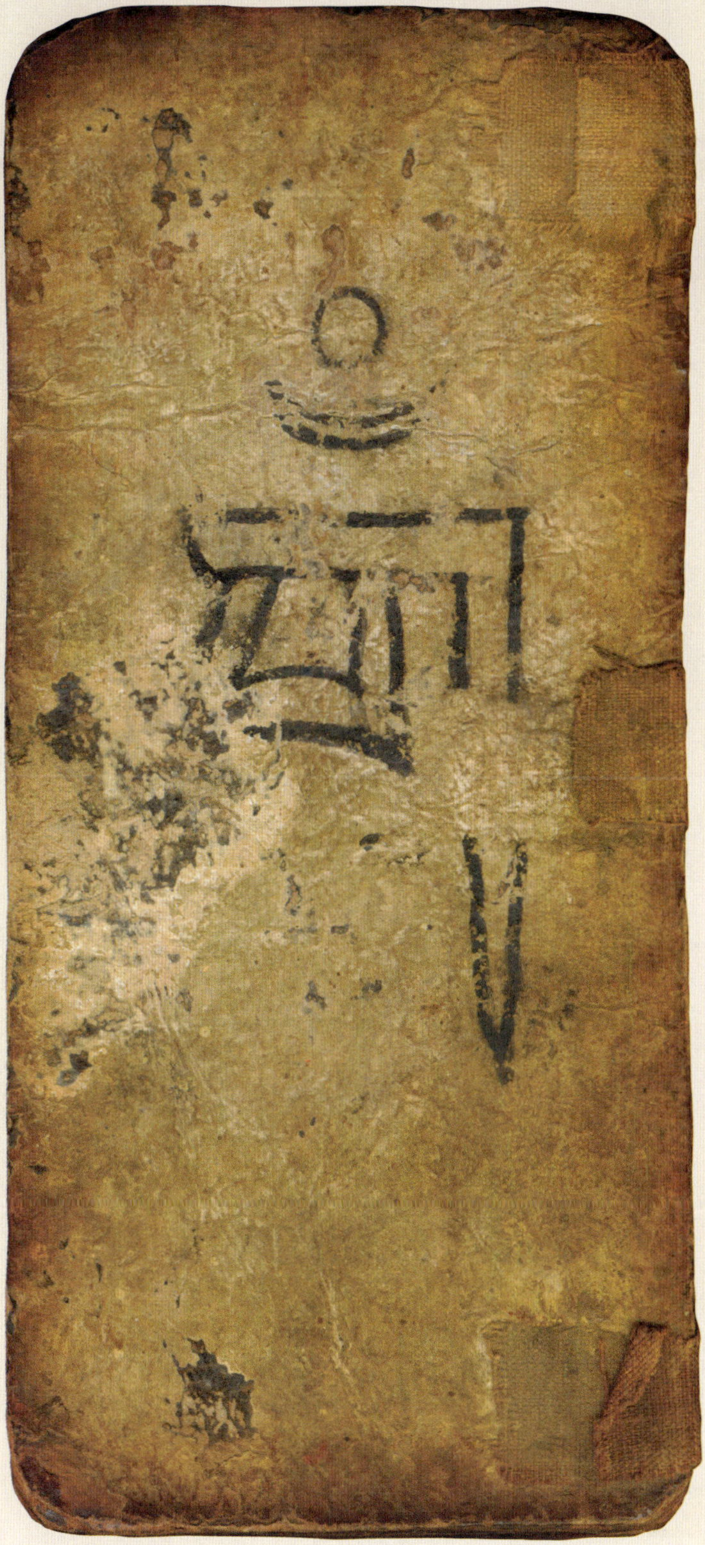

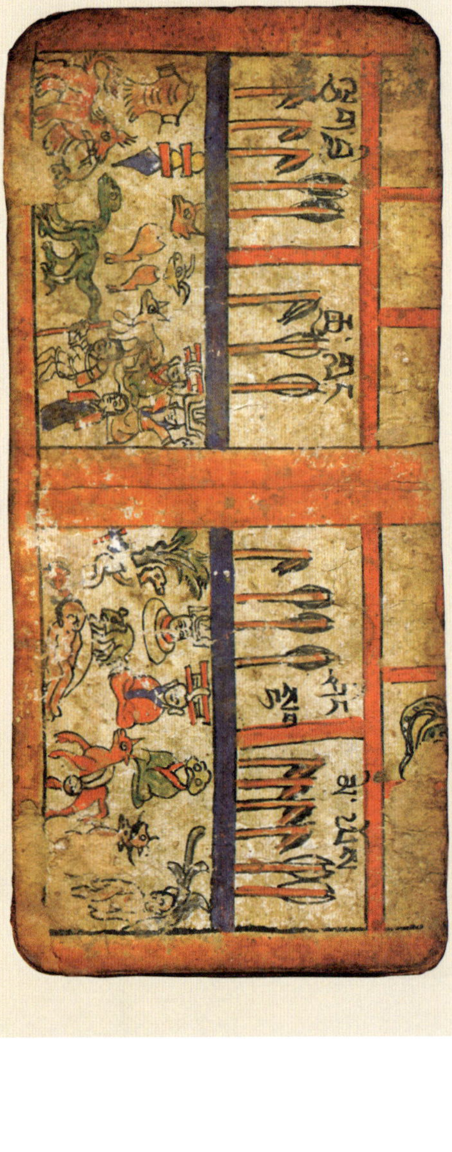

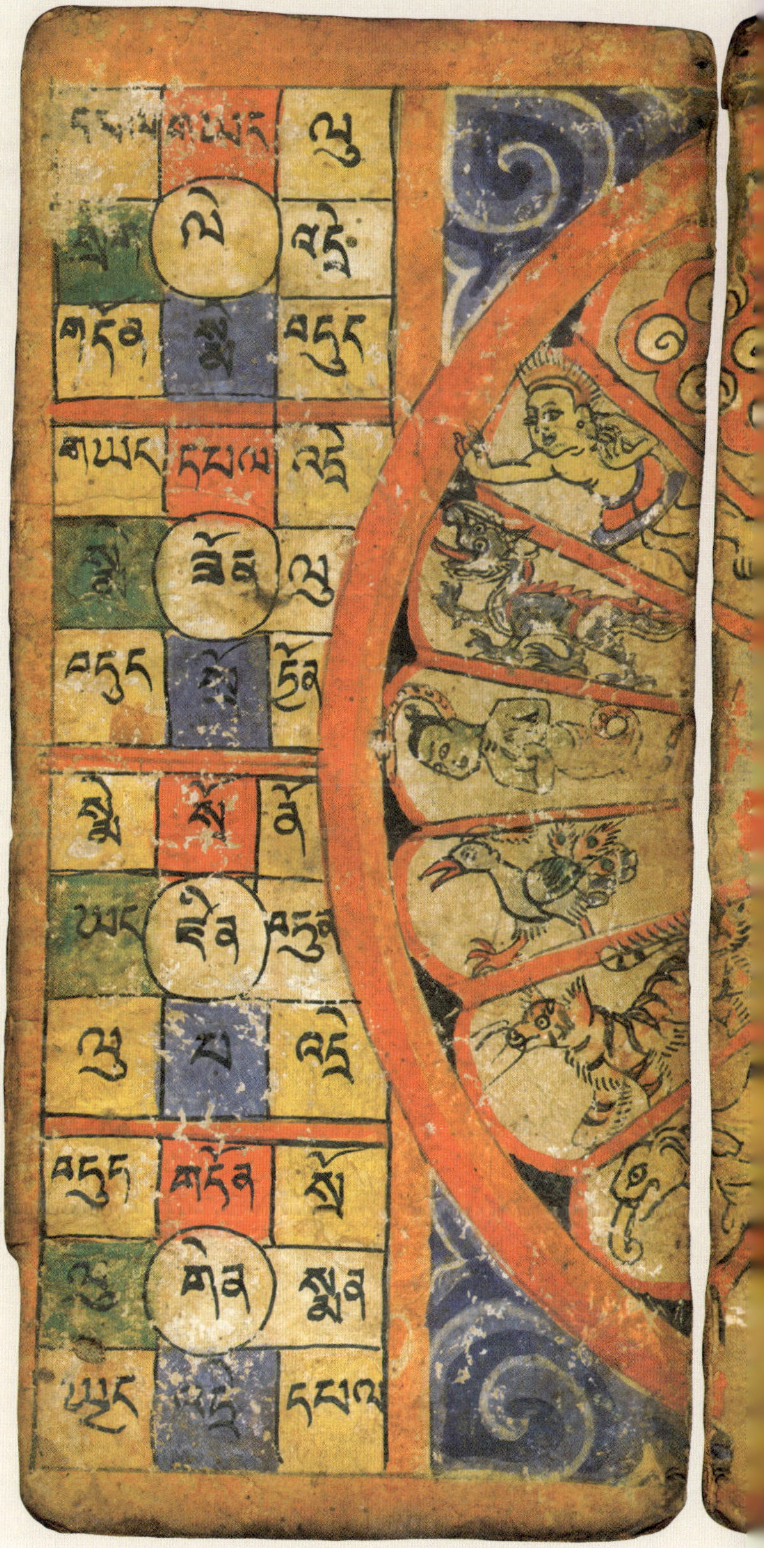

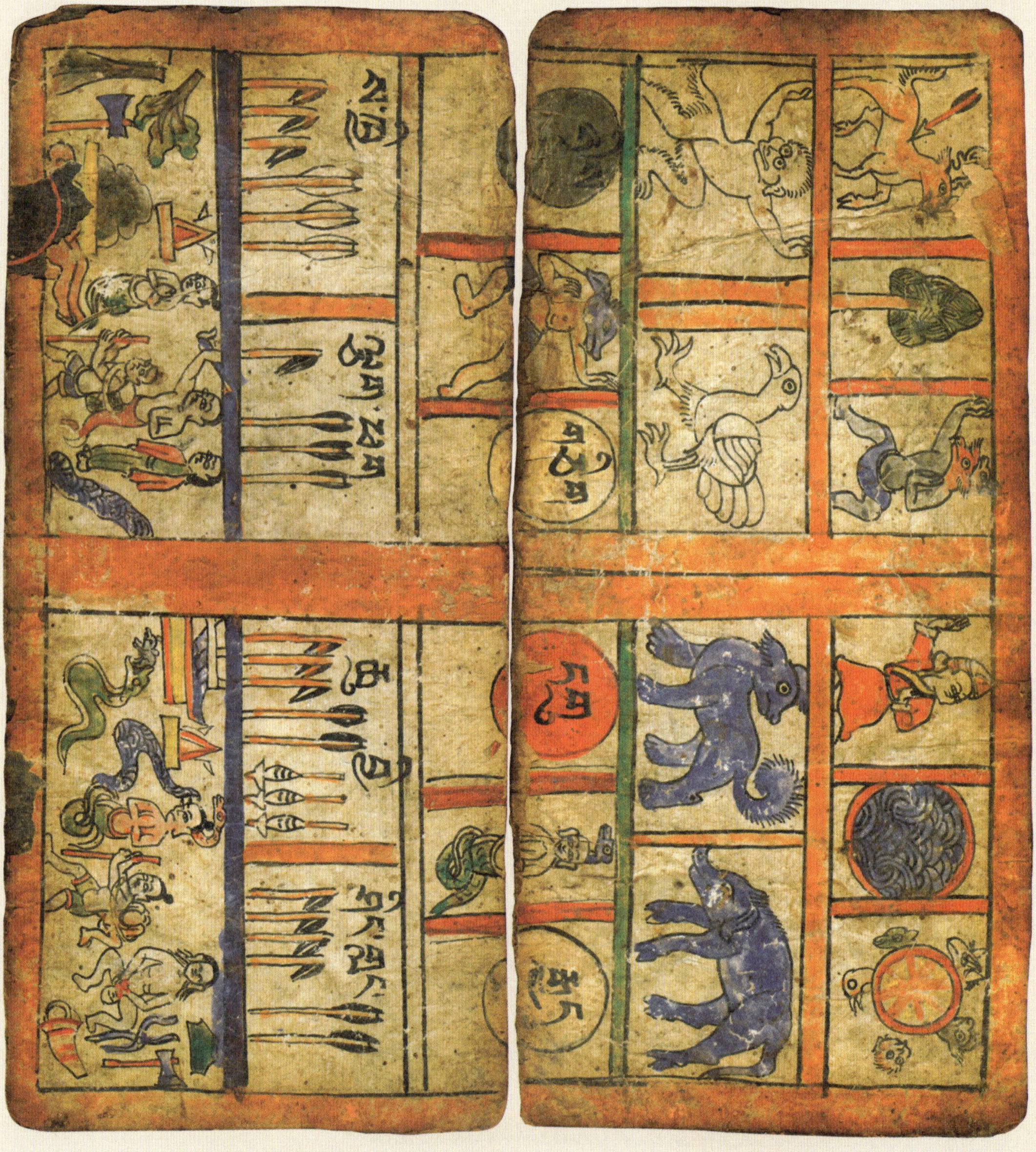

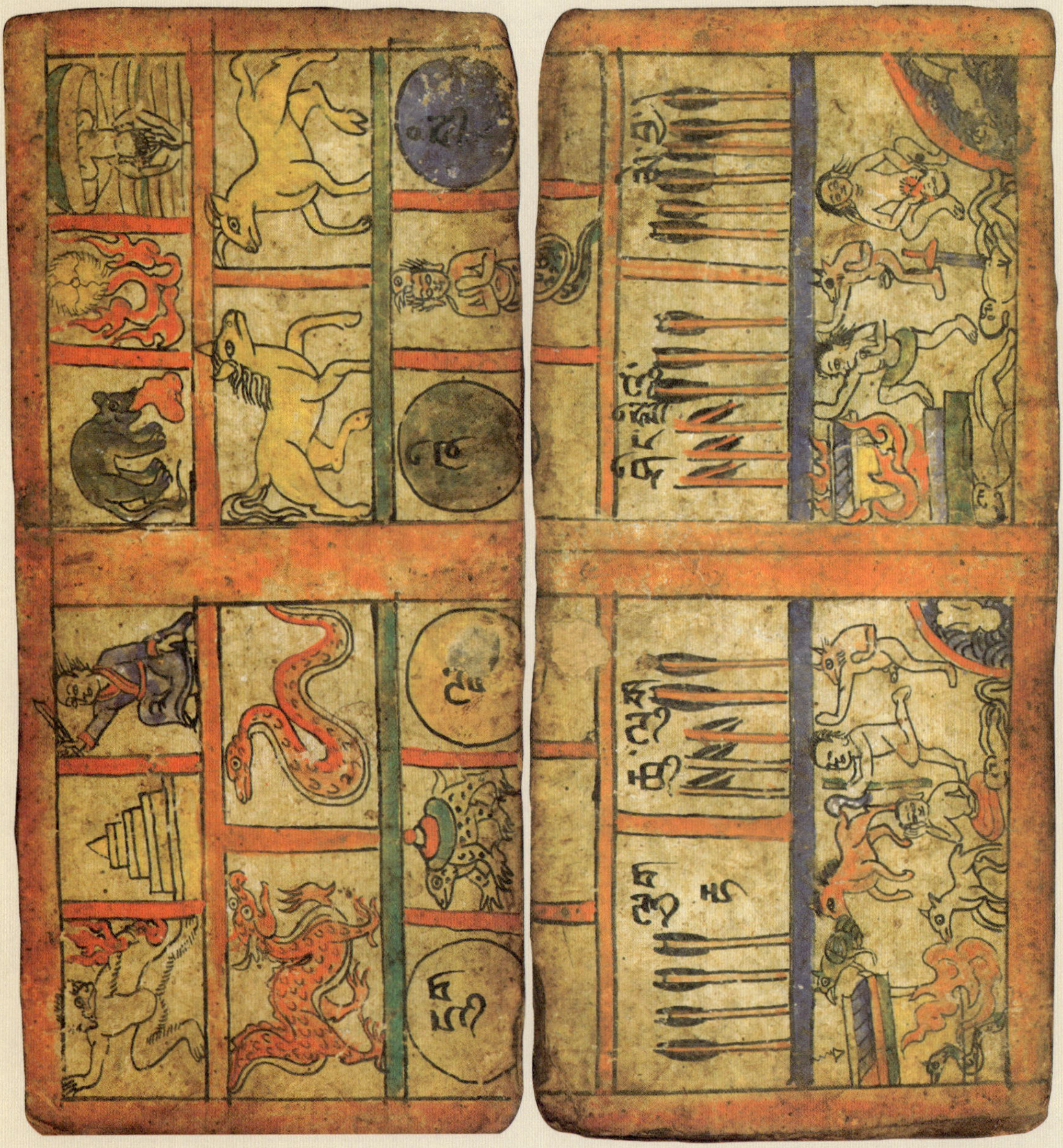

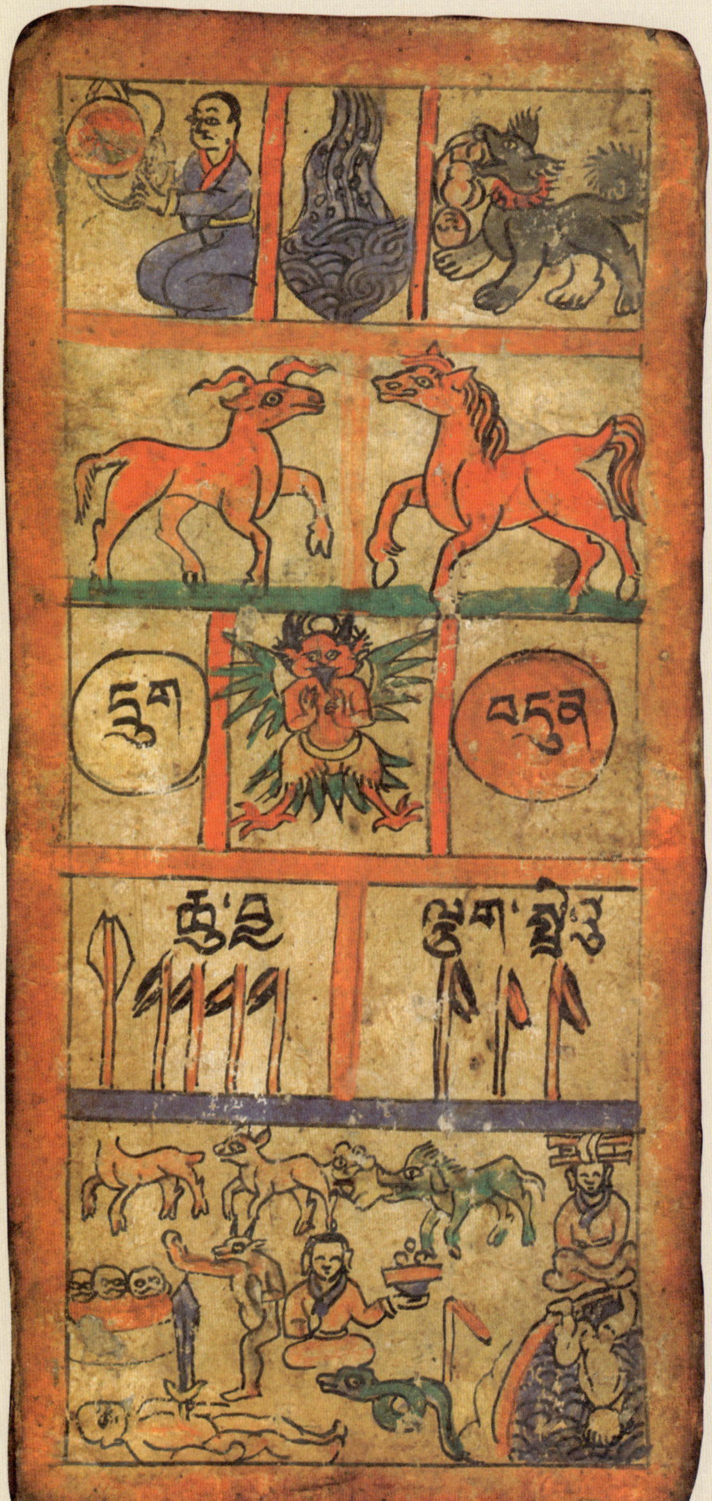

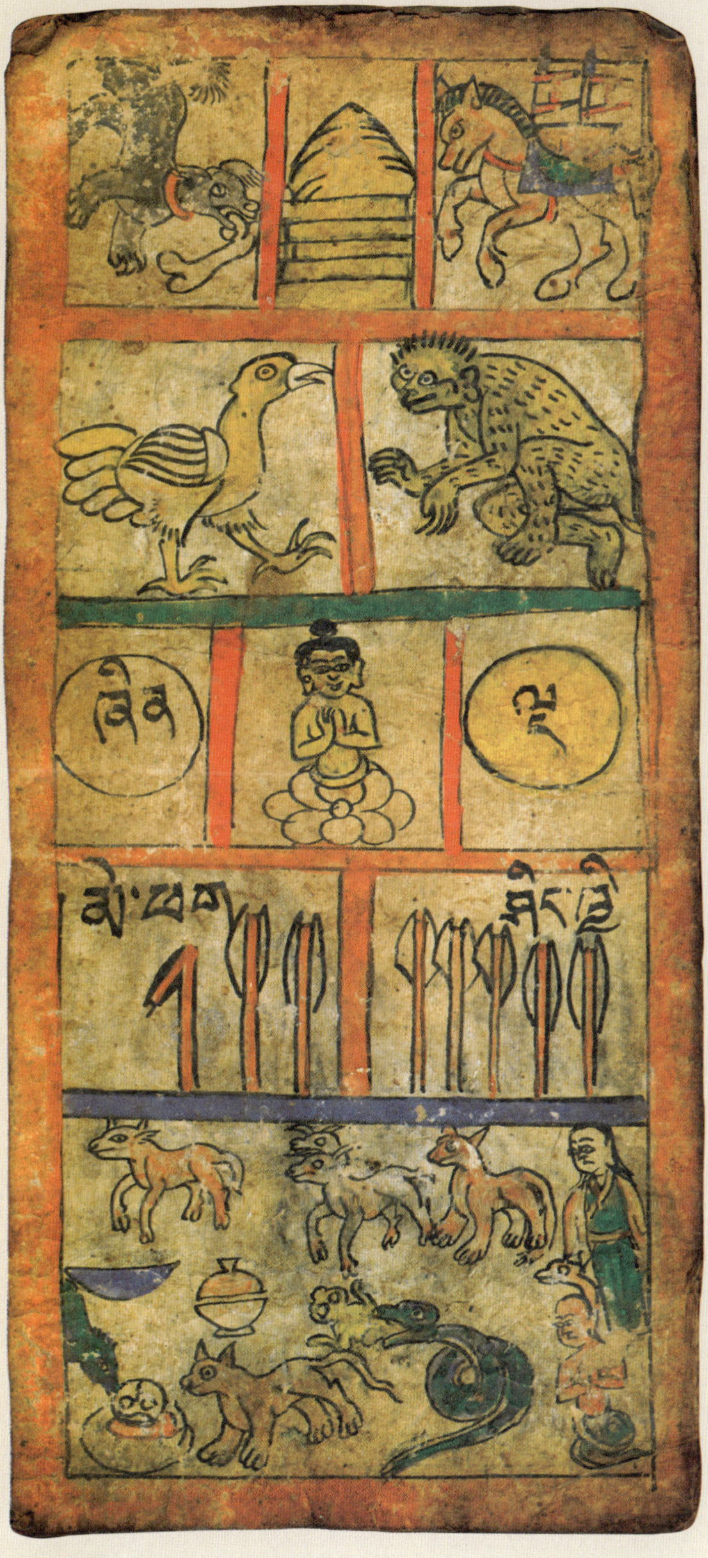

《纳木依人治污仪式经》

The Ceremony of Pollution Management in Namuyi

经书。高 10.5 厘米，宽 17.7 厘米。西式翻身，1 册，7 张，13 页。

封面线框内写有书名，汉意为“都尔”。这是一本杂经，包括内容较多。

前 3 页：有 13 格，每格绘有人物，以女性为主，也有生肖。其下有藏文说明。

第 4—8 页：每格绘一佛或人物，下有藏文说明。

第 8—9 页：共有 10 格，分别绘有日、月、星、山、水、云、蛙等，下有藏文说明。

第 10—12 页，绘有各种八卦图。

第 13 页，绘有鹿、猫头鹰、犬、鹰等。

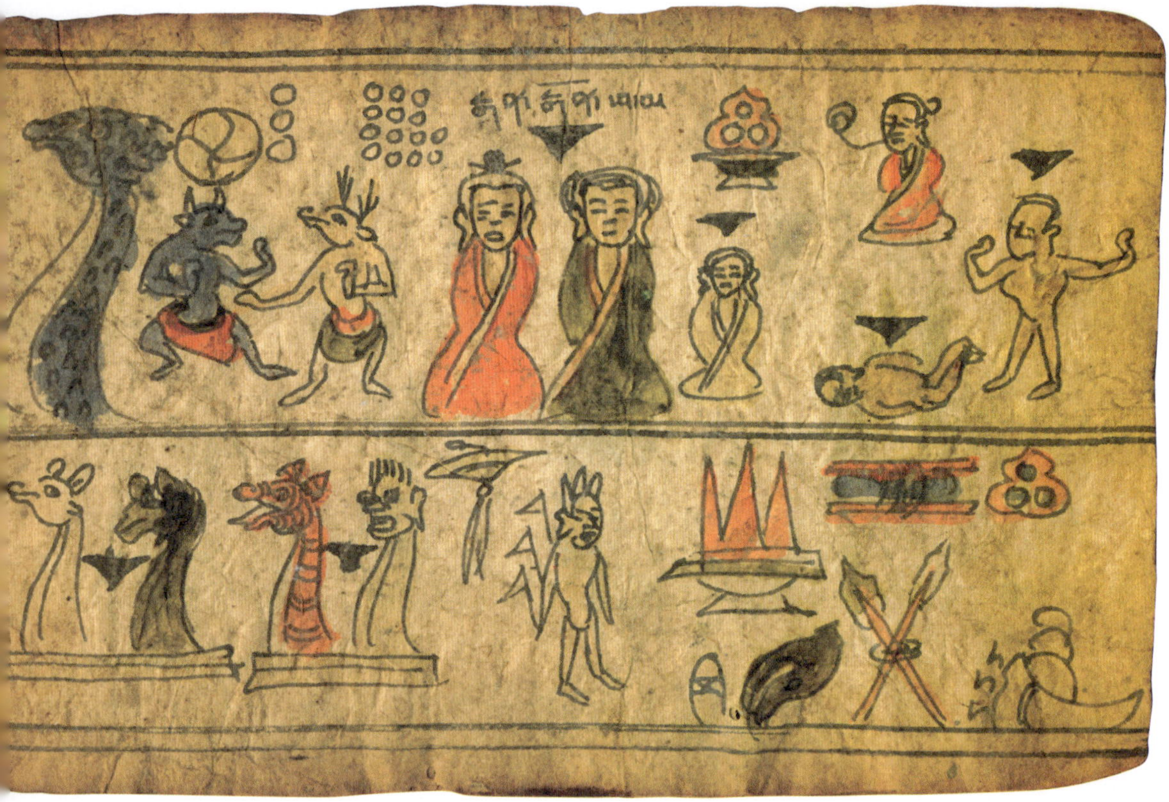

《纳木依人人生占卜经》

Life Augury of Namuyi

经书。高 11.2 厘米，宽 26 厘米。西式翻身，1 册，6 张，11 页。

封面上方有一海螺，下为一排藏文。

每页分上下两行，上行左上方均有圆点，第一页为一个，第二页为两个，依此类推，直到第九页，有九个圆点。这应该是记月数的符号，几个圆点即为几月。其他为祭司帕比举行的各种宗教活动。下行多为因果报应，死后遭遇，如让蛇咬死、被剑刺穿。其后为纺轮、矛等，并以圆点数量为标记符号。最后一页也分两层，共 10 格，其中九格绘有一或两个生肖，在生肖上方以圆点标识月份。

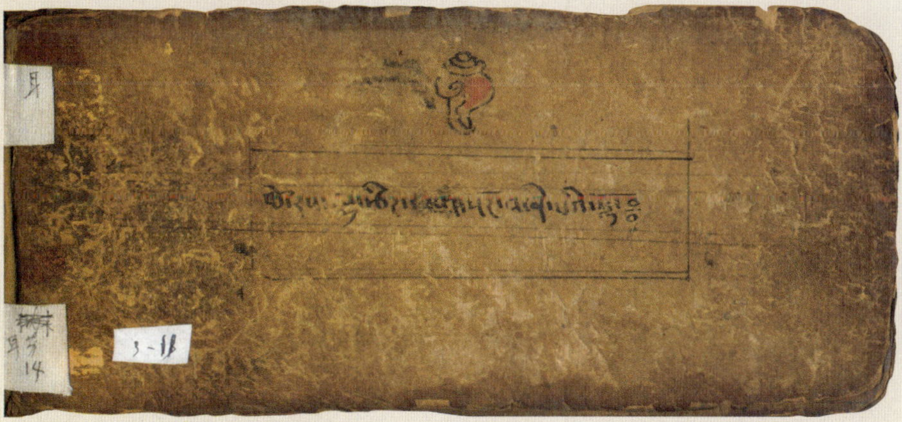

《纳木依人占卜图》（一）
Auspicial Pictures of Namuyi (I)

占卜图。高 24 厘米，宽 11 厘米。折页，共 8 页。由 8 页拼成一张高 44 厘米、宽 48 厘米的占卜图。

中心为圆圈，外有 24 格，每格内绘人物、动物和自然物。由此往外，先为 12 格，分别绘有十二生肖。再往外为占卜解释图。最后一层为 24 格，每格绘两个生肖。在边缘上绘男女交合、宝、马、鸟、海龟等。

《纳木依人占卜图》（一）

Auspicial Pictures of Namuyi (1)

《纳木依人占卜图》（一）

Auspicial Pictures of Namuyi (1)

《纳木依人占卜图》（一）
Auspicial Pictures of Namuyi (I)

《纳木依人占卜图》(二)

Auspicial Pictures of Namuyi (II)

占卜图。高 22 厘米，宽 11 厘米。折页，共 2 页，打开后呈正方形。

中央绘一蛙，蛙身为九宫图，周边有 12 格，分别绘有十二生肖。使用时，未满周岁婴儿仅绘一蛙，其他人则绘全图，可以占卜，也可以贴在枕边或大门上，有驱鬼辟邪作用。

《纳木依人占卜图》（三）

Auspicial Pictures of Namuyi (III)

占卜图。高 25.5 厘米，宽 31 厘米。折页，共 3 页，打开后为长方形。

中央绘有一蛙，蛙身绘九格，中为九宫图。蛙在海水中。如果说全图共有九格，蛙仅占中间一格，周围共八格。蛙头上一格，绘一死者，旁坐一帕比，看似死者是中箭而亡，有鹿、海螺等供品，旁站一人欲埋葬。 蛙尾外一格，也绘一中箭死者，还有另一死者，供有酒坛、牺牲。左上供一死者，帕比前有酒坛、猪头，还有围观的人们。中也绘一死者，有两个帕比，有树、酒、剑、观众。下有死者，旁有蛇、供品。右上有死者，有帕比、酒坛、海螺、供品。中有死者、帕比，三人坐船，有箭、羊群。下有死者，有供品、酒坛、海螺、蛙、兽头等。

《纳木依人生肖图》

Chinese Zodiac Pictures of Namuyi

生肖图。高 10.6 厘米，宽 23.5 厘米。折页，共 2 页。两页打开以后为一长方形。

这是绘有十二个生肖的图画，是纳木依人记年、月、日的标志。封面正中绘一房子，内有一钱文。打开以后，共有两组十二生肖，皆为兽首兽身。

《纳木依人生肖图》

Chinese Zodiac Pictures of Namuyi

《纳木依人象形文历书》

Hieroglyphic Almanac of Namuyi

历书。高 10.5 厘米，宽 22 厘米。散页，15 张，共 30 页。纸较薄，文字工整。

其中有 24 页为历书，每月 2 页。每月 15 格，一年 360 格。每格代表一天。与《母虎历书》比较，有两点不同：一纳木依历书无生肖，二是每天都有藏文说明吉凶祸福。但两书形式相若，每格都有几个象形文字。

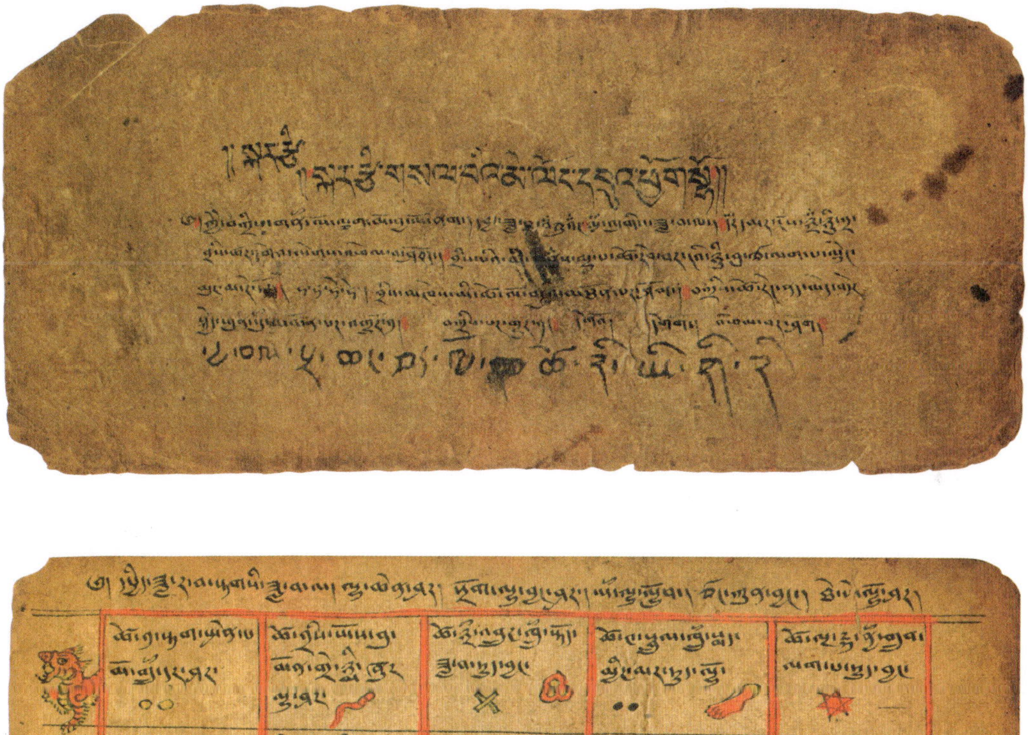

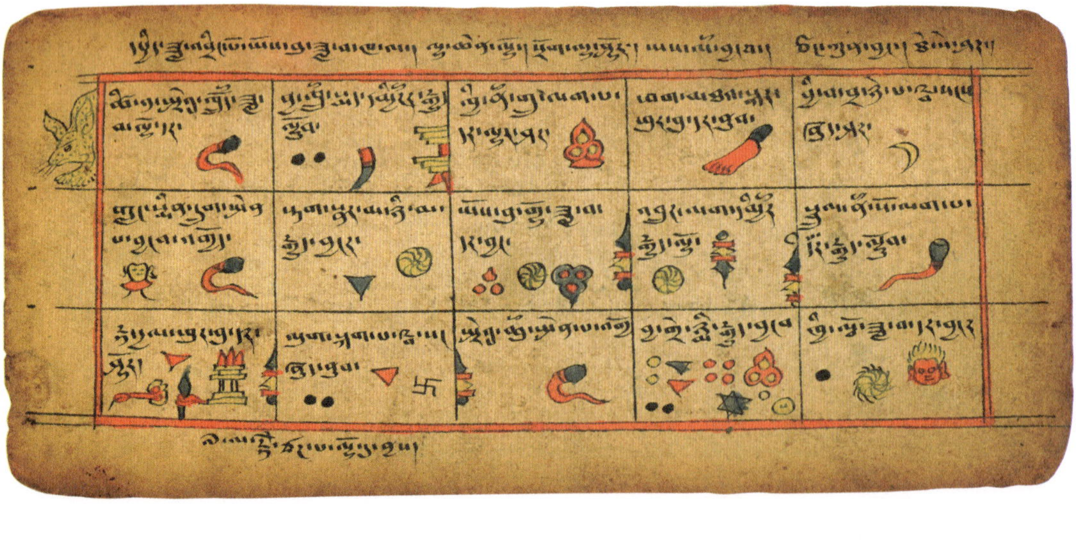

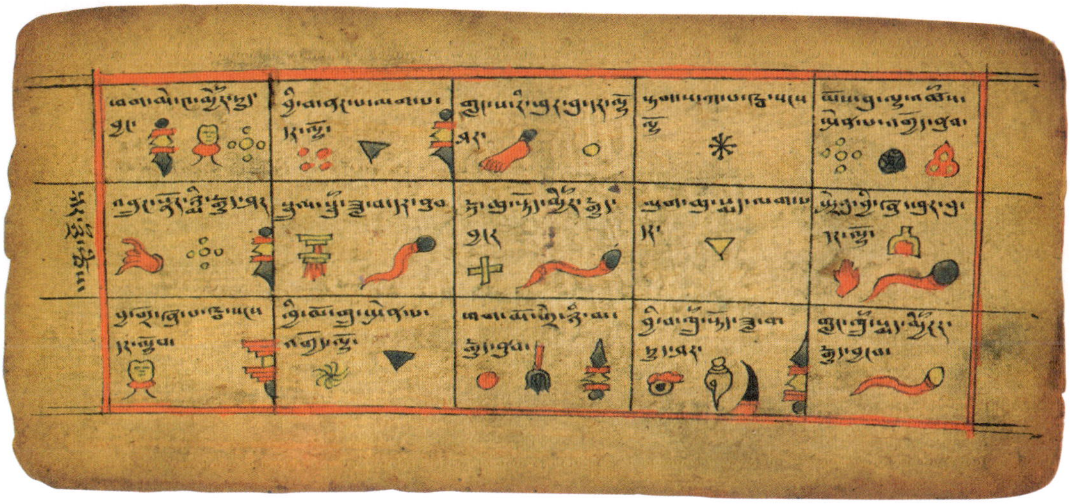

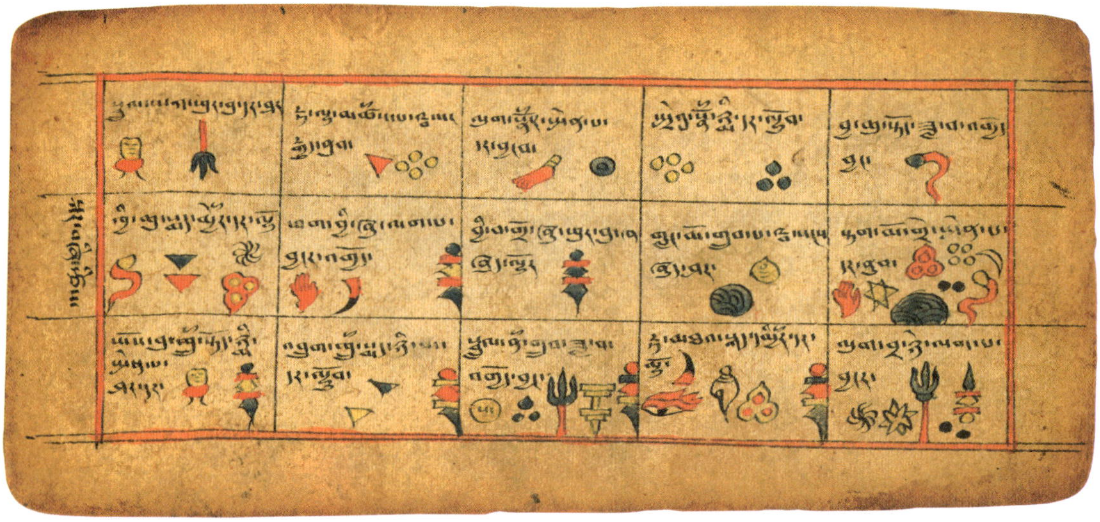

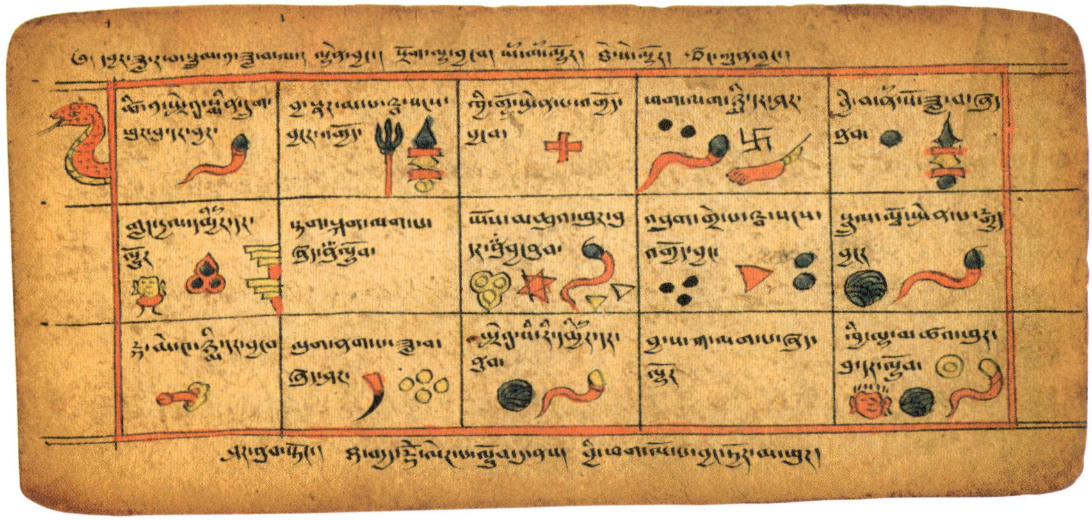

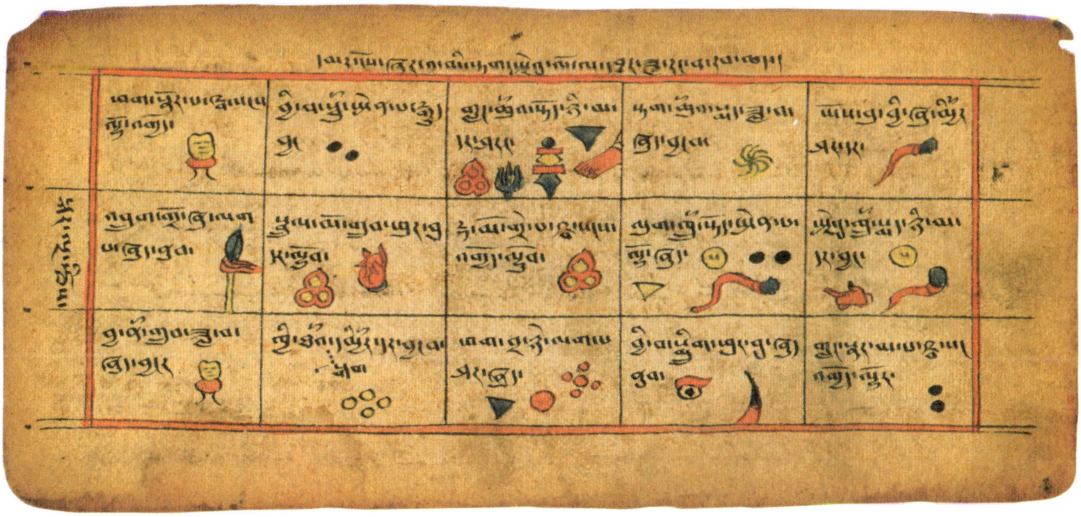

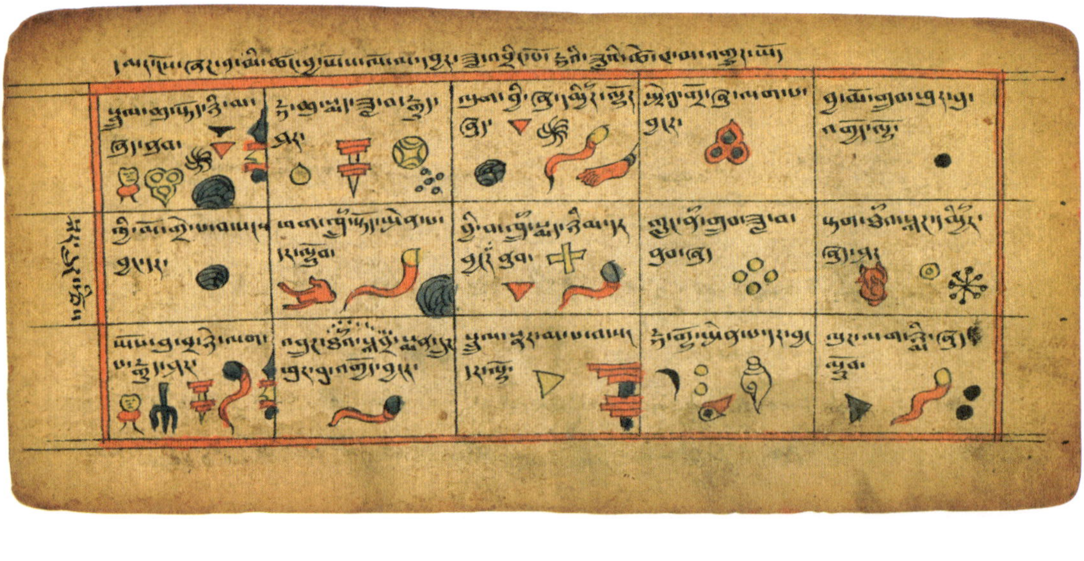

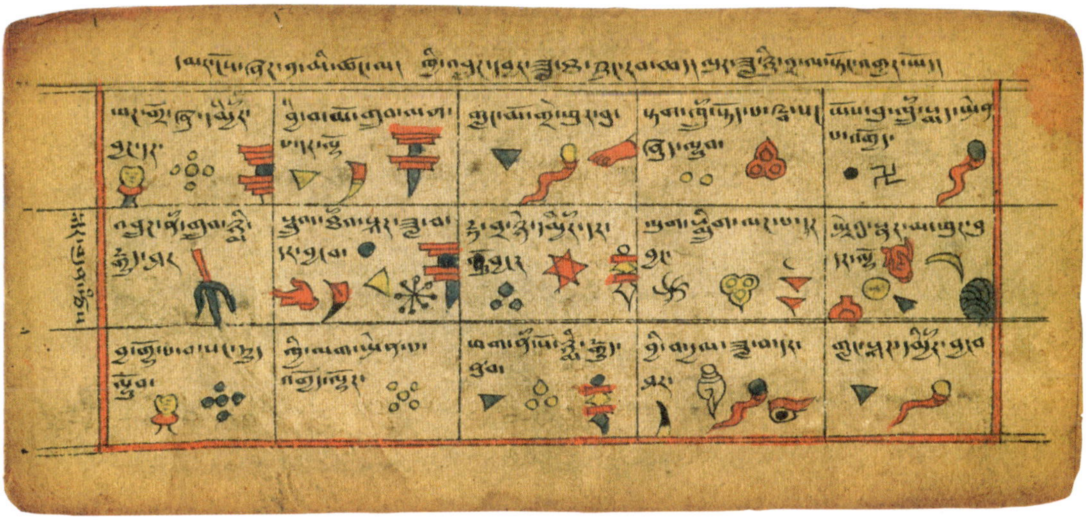

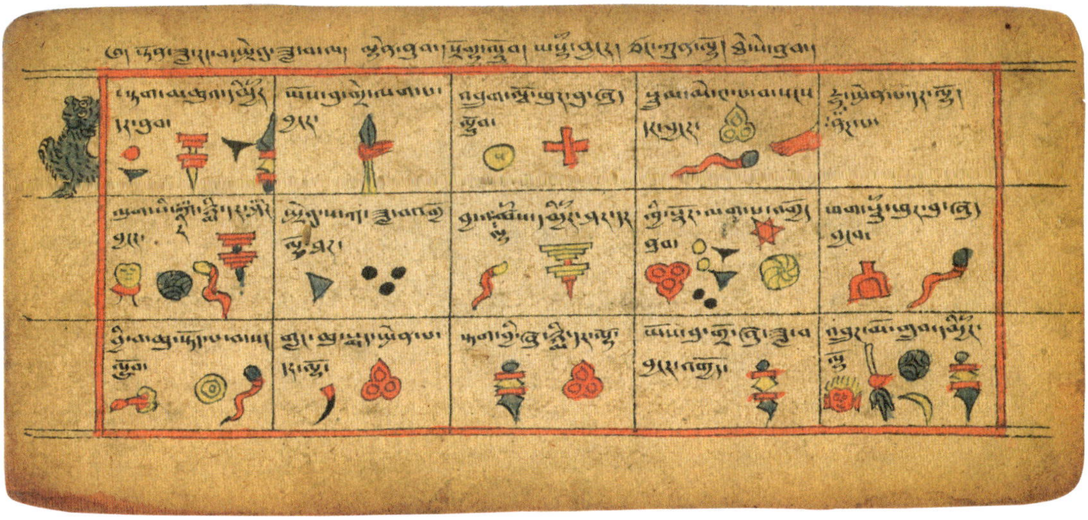

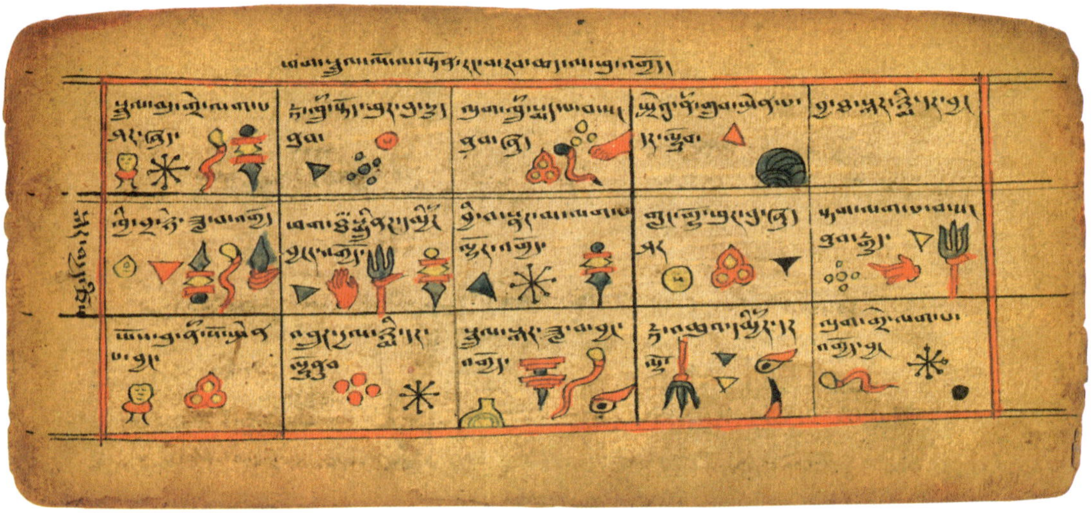

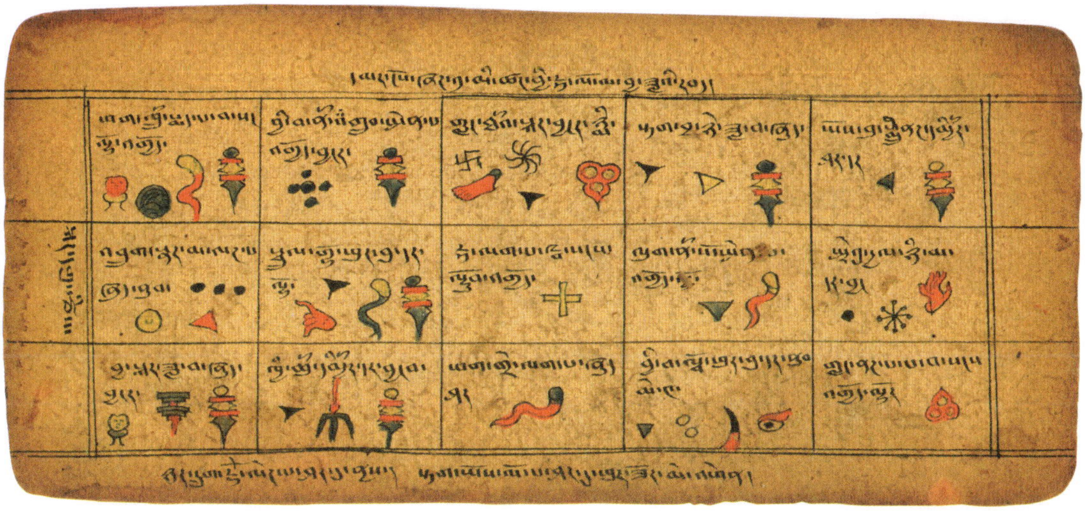

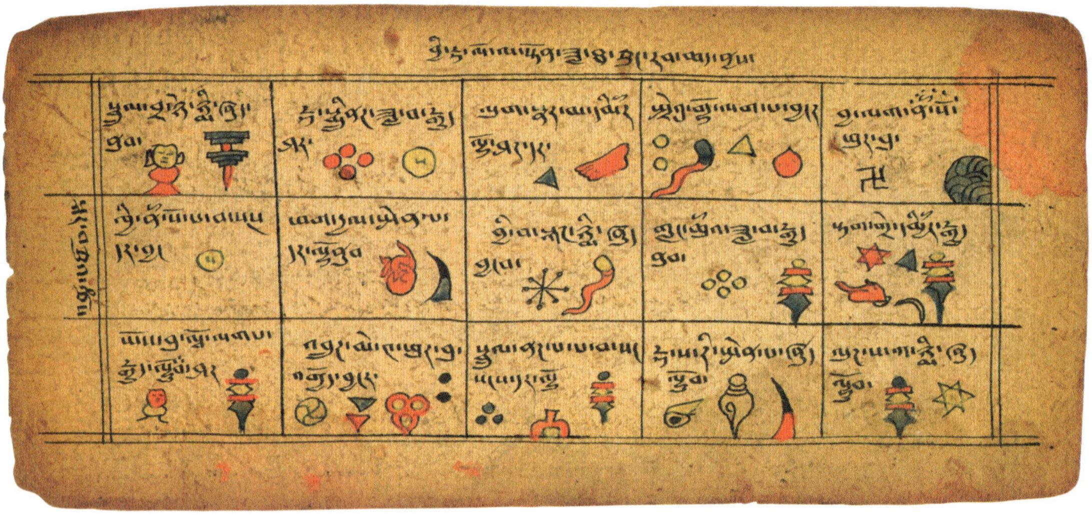

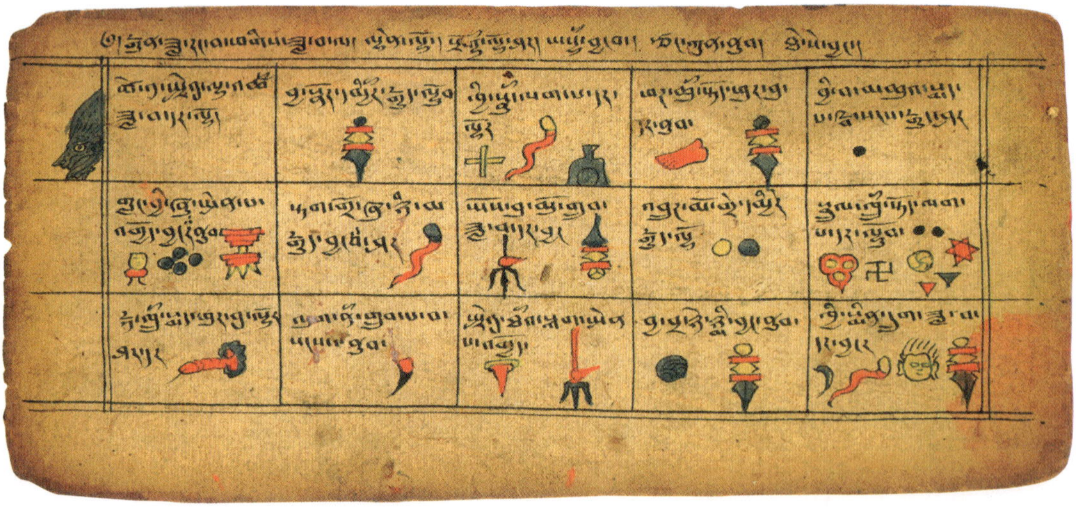

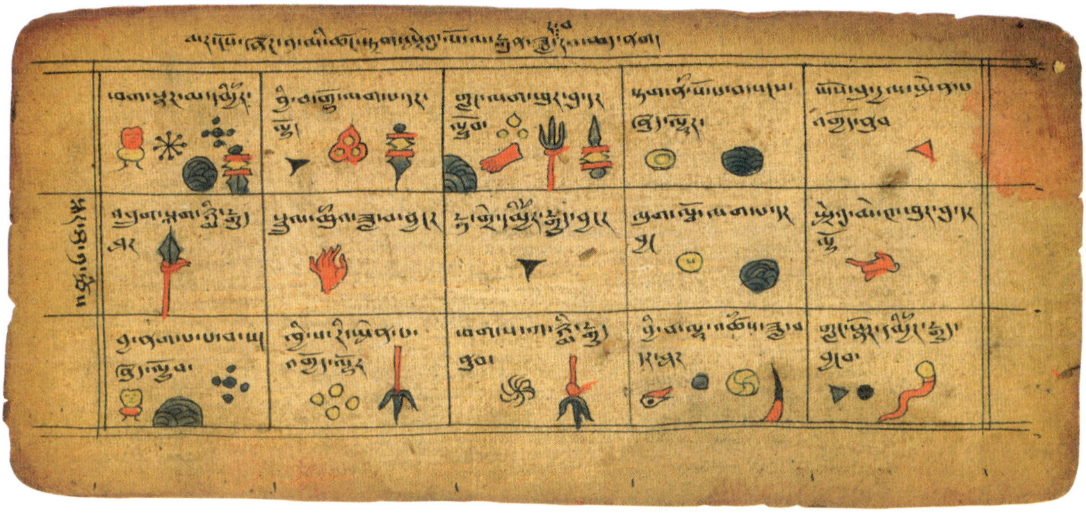

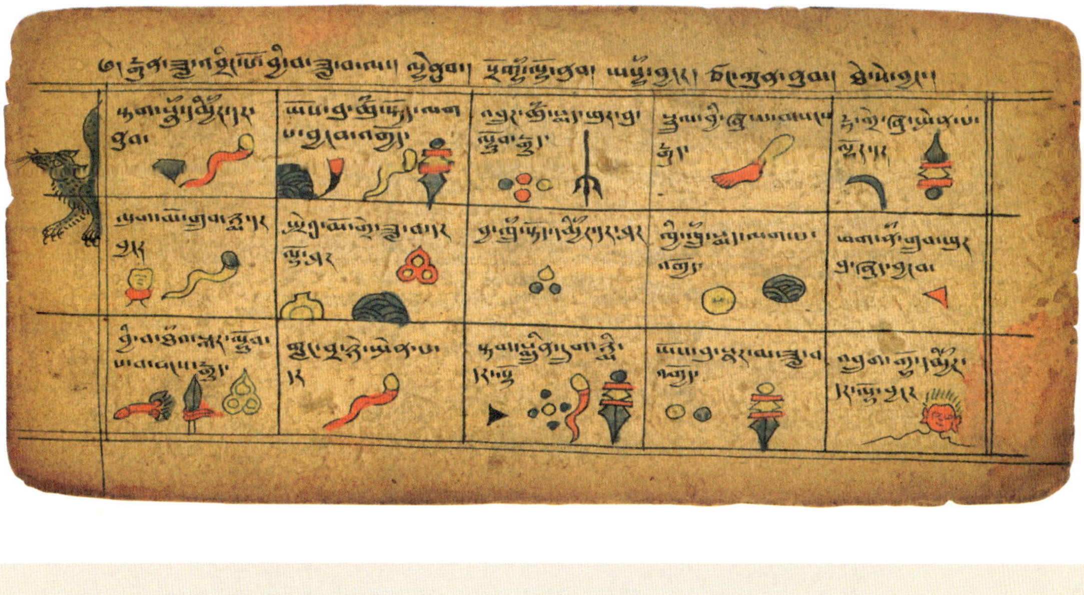

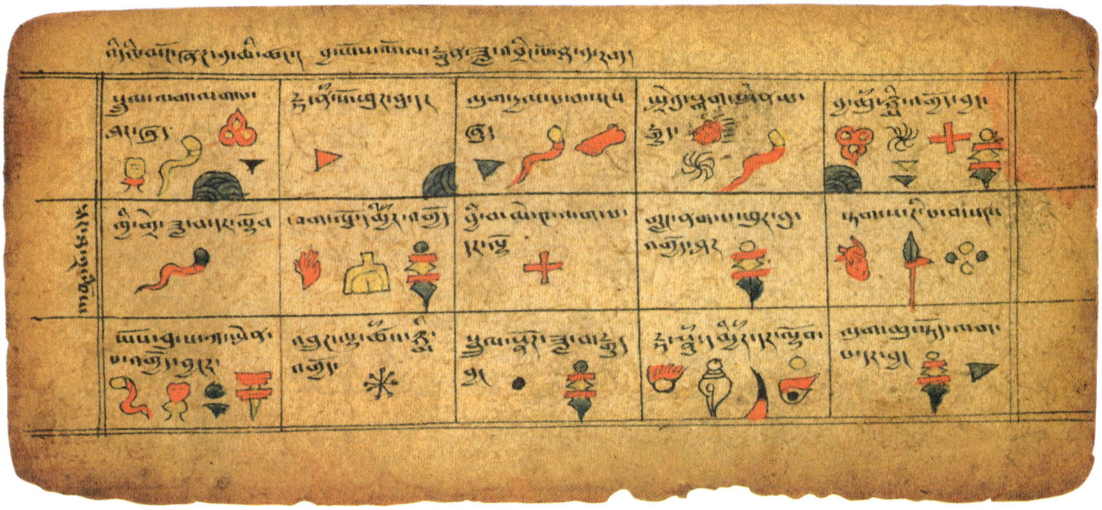

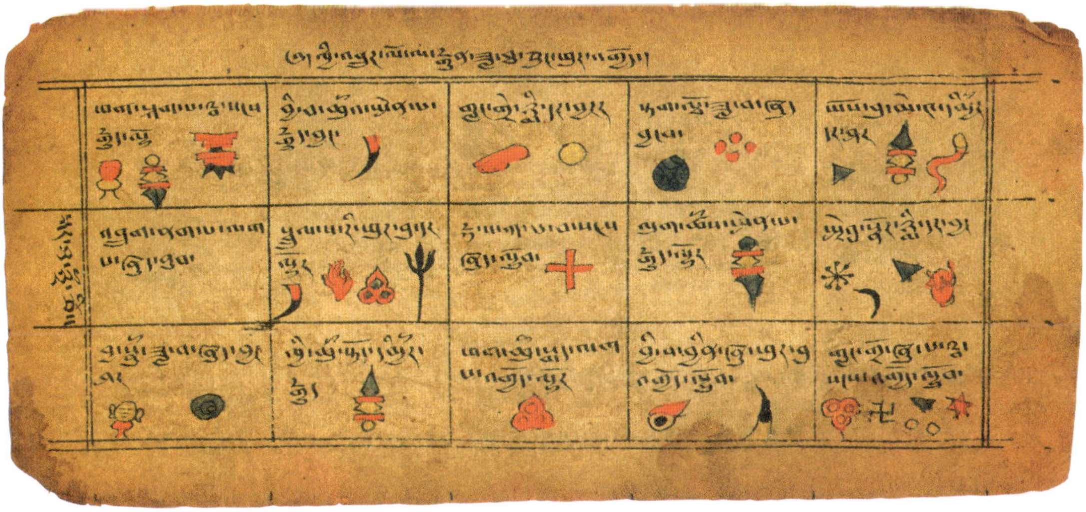

中国西南民族象形文字资料集

A Collection of Hieroglyphic Data of Minorities in Southwest China

下

宋兆麟　主编

Editor　Song Zhaolin

學苑出版社

Academy Press

二、耳苏人巫图和象形文字
Ersu Wizard Graphics and Hieroglyphic

《耳苏人神像》

Ersu's Joss

耳苏沙巴供奉的神像。高 22 厘米，宽 11.5 厘米。中式翻身，1 册，共 12 页。

每页面上的绘图分为三层，第一层绘有各种藏传佛像，第二层多绘骑马神像，第三层绘有蛙神。

《耳苏人神像》

Ersu's Joss

《耳苏人神像》

Ersu's Joss

《耳苏人神像》

Ersu's Joss

《耳苏人神像》

Ersu's Joss

《耳苏人图语书》

Scripture of Ersu's Graphic Language

经书。高 22 厘米，宽 10.8 厘米。中式翻身，经折装，3 册，共 34 页。

第一册：12 页。中间的两页上绘有圆圈，中间为佛；第二圈有 12 格，每格绘一人或一物；第三圈也是 12 格，每格绘一人或动物或建筑。前后各 5 页，每页上绘 4 格，其中第三格为生肖，以圆点标志数据，最下一格为生死故事。

第二册：12 页。每页上绘五格。其中第三格绘生肖图，也以圆点标志数据，最下为生死故事。

第三册：10 页。每页上绘五层，自左向右内容如下：

左二页合为正方形，正中方格为蛙，蛙身为九宫格，周围共 12 格，每格一个生肖，包括鼠、牛、虎、兔、龙、蛇、马、羊、猴、鸡、犬、猪。其余 8 页为各种图像，第一层为生前人物、动物、建筑等；第二层为各种神像，有蛙神、人首蛇身、佛像、战神等；第三层为生肖，同时以圆点记事；第四层为方格纹；第五层为死后报应故事。

《耳苏人王和尚图语书》

Monk Wang Graphic Scripture of Ersu

经书。宽 10.5 厘米，高 23.7 厘米。中式翻身，经折装，2 册。页间用线串连。这套图语书是四川石棉王和尚教徒弟所用的课本。

第一册：9 页。每页上层各绘三个生肖，附有文字；下层有九格，各有藏文。

第二册：9 页。每页绘有三个生肖，附藏文。下为三组，自左而右，一个是九宫格，每格有藏文；一个是圆圈，内有藏文，外为 24 格，每格绘有人物、动物和其他形象；一个为圆圈，内绘九宫图，外为八格，每格有藏文，最外也绘八格，各有一名物。

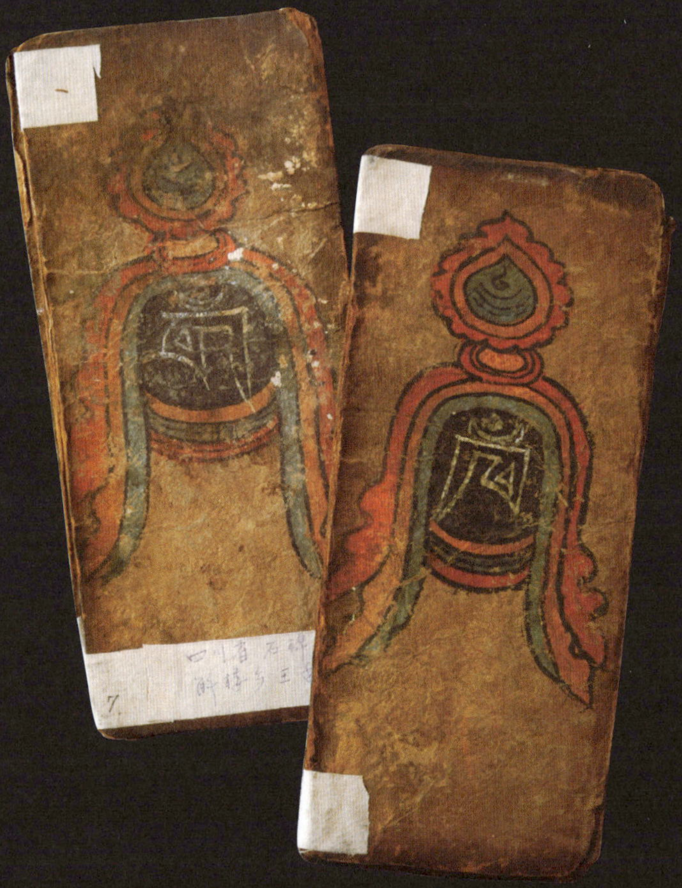

四川省 石棉县
7

《耳苏人山神经》

Scripture of Ersu's Mountain Joss

经书。高 8.8 厘米，宽 25.5 厘米。中式翻身，1 册，7 张，13 页。

每页以生肖为首，各页分上下两层。以“牛日”为例：某人在牛日生病了，是胃犯了凶死鬼。原来有一妇女去背水，被洪水淹死了，成了溺死鬼。病人必杀一只公鸡敬鬼。如果病还不好，还要杀一只羊。如果还不行，必杀一牛。如此这般，溺死鬼才能把病魂放出来。沙巴还要扎一个草人，内装牛头，以其为病人替身，送往东北方向。

《耳苏人山神经》

Scripture of Ersu's Mountain Joss

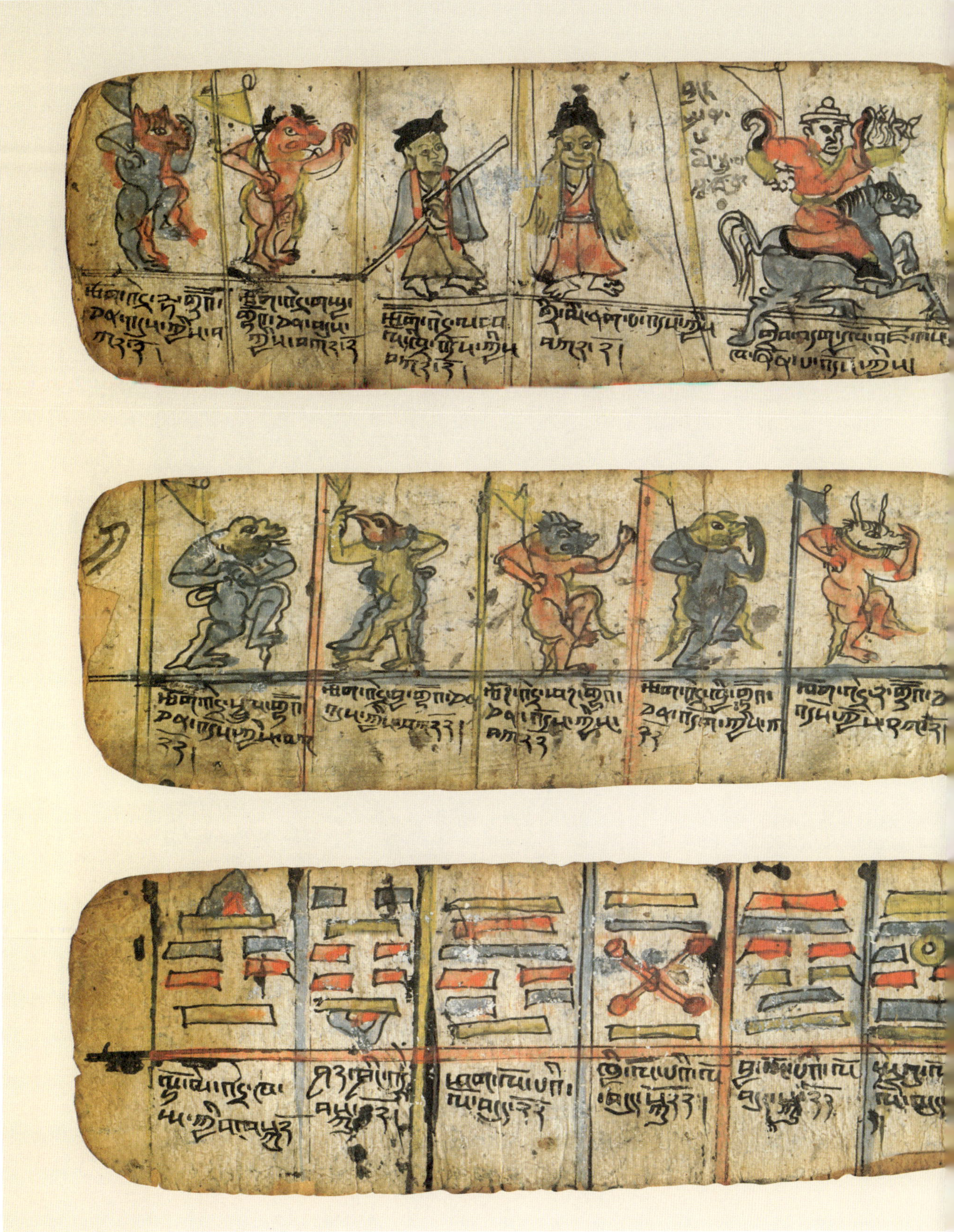

《耳苏人山神经》
Scripture of Ersu's Mountain Joss

《耳苏人地方神经》

Scripture of Ersu's Regional Joss

经书。高 26 厘米，宽 11.5 厘米。西式翻身，1 册，10 页。

封面有一段藏文，汉意为“地方神”，其下有一个海螺。每页分上下两层：上层为人间生活，下层为死后生活，即地狱中所受的报应。在下层有若干圆点，作为数字标记。

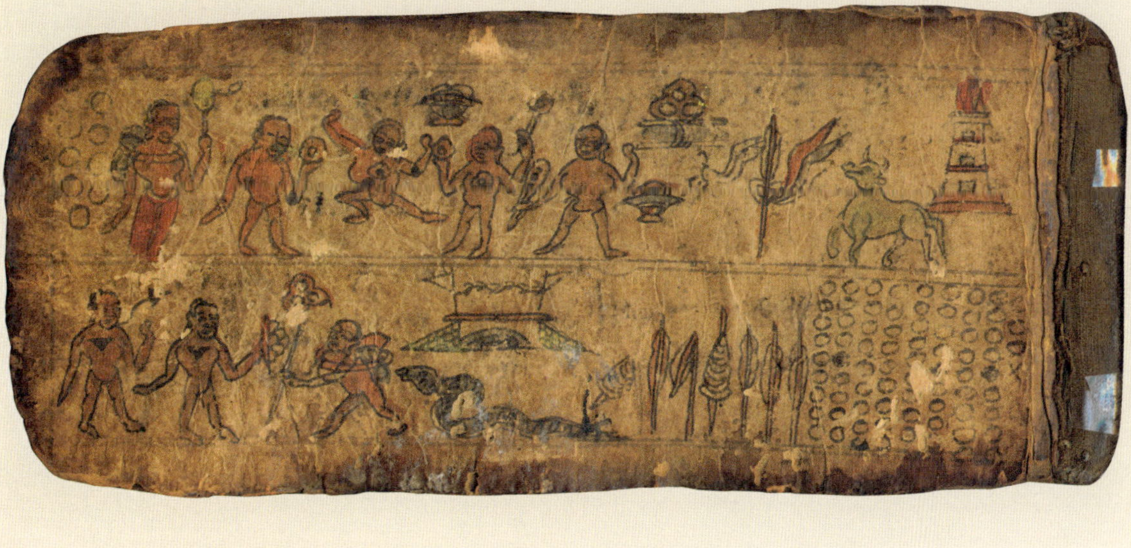

《耳苏人都尔经》
Duer Scripture of Ersu

经书。高 10.5 厘米，宽 24 厘米。中式翻身，1 册，6 页。
封面绘一龙，封底绘一海螺。每页由生肖为首，上下两层各绘吉凶祸福。

《耳苏人蛙卜图》

Pictures of Frog Augury in Ersu

占卜图。高 22.2 厘米，宽 10.5 厘米。经折装，1 册，6 页。

占卜专用，以示吉凶祸福，以决定自己的行止。左侧两页呈方形，中央为蛙，蛙身上有九格。蛙周围为十二生肖。右侧四页，每页分上中下三层，每层绘有佛像、人物、动物、山水、器物、花草，作为解释占卜结果的象征物。

3

《耳苏人母虎历书》

Female Tiger Almanac of Ersu

历书，亦为占卜书。高 12 厘米，宽 27 厘米。西式翻身，1 册，12 张，24 页。

封面上绘有老虎在地球上的位置，因磨损，封底、封面用信封修补。每页 15 格，共 360 格，代表 360 天，以生肖记日。每格中央为一个生肖，格内还有三五个象形文字。在每月右侧书有：正月、二月、三月，等。

二月

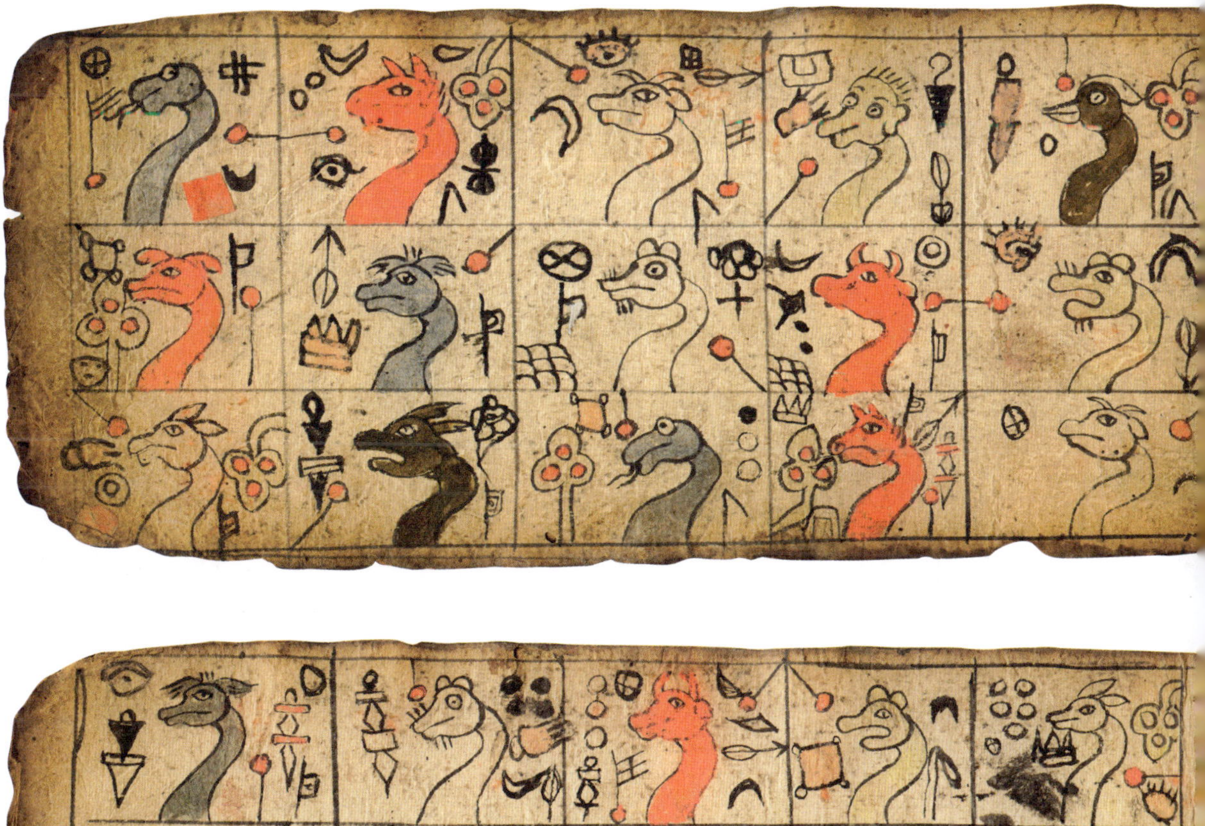

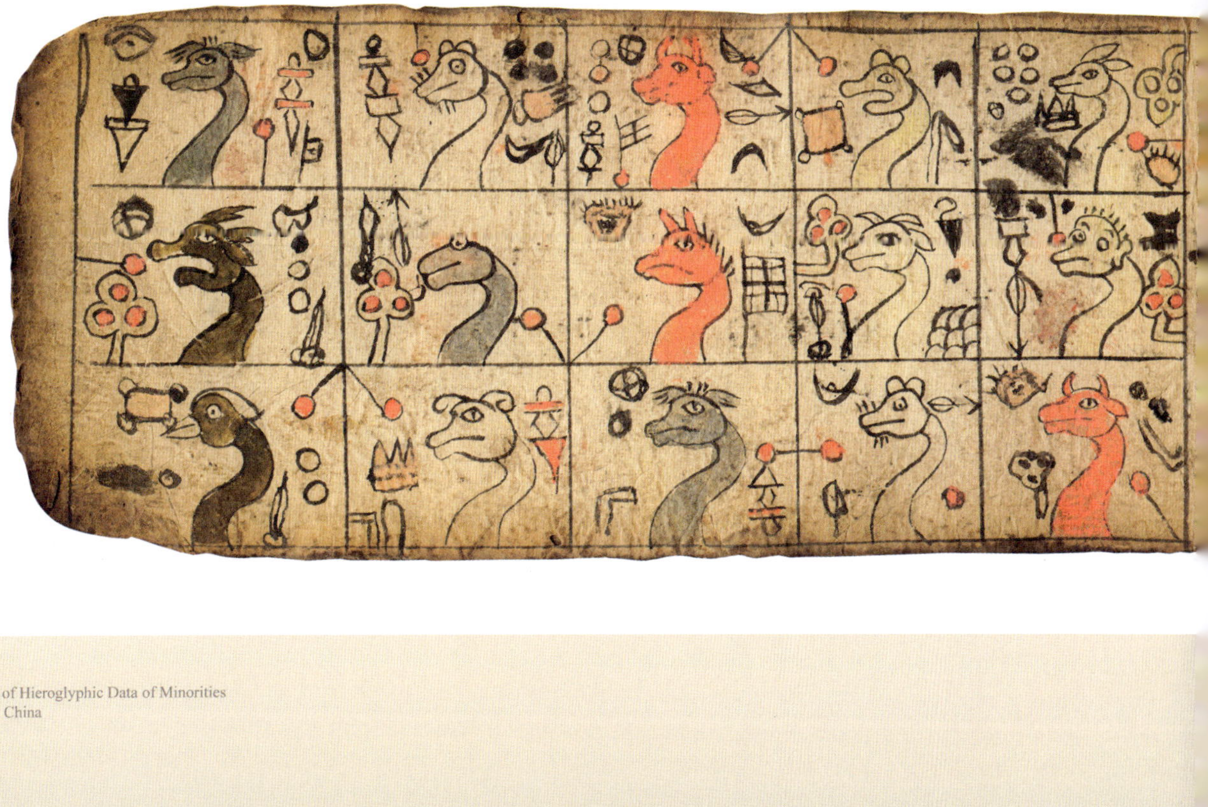

三月

四月

五月

六月

七月

八月

九月

十月

十一月

十二月

《耳苏人送魂经》

Funeral Scripture of Ersu

经书。高20厘米，长1000厘米。纸本，1卷。两头有木轴和蓝布包封。自右而左、上图下文，绘有风景、人物、动物、植物、鬼神。在送亡灵回家的路上，沙巴要据图告诉亡灵各种注意事项。此类长幅的送魂经存世极少。

该《送魂经》原来是一个老沙巴的，后借给他人使用，久而久之，借经人就不还了。为此，在清道光朝、光绪朝，曾因此经的归属发生过两次纠纷。珍贵的是，两次纠纷所达成的协议，被如实抄写在经书的结尾处。故而推断，此经大约成书于清中叶，已有一两百年的历史。

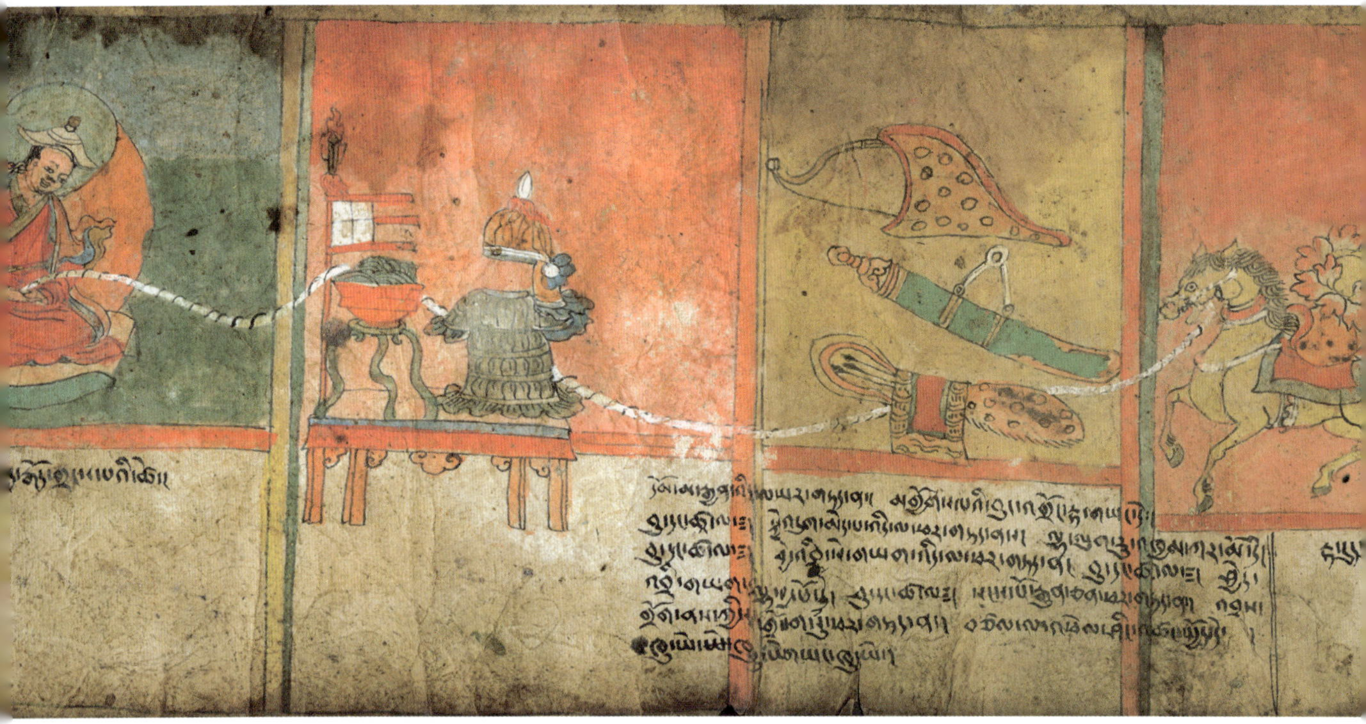

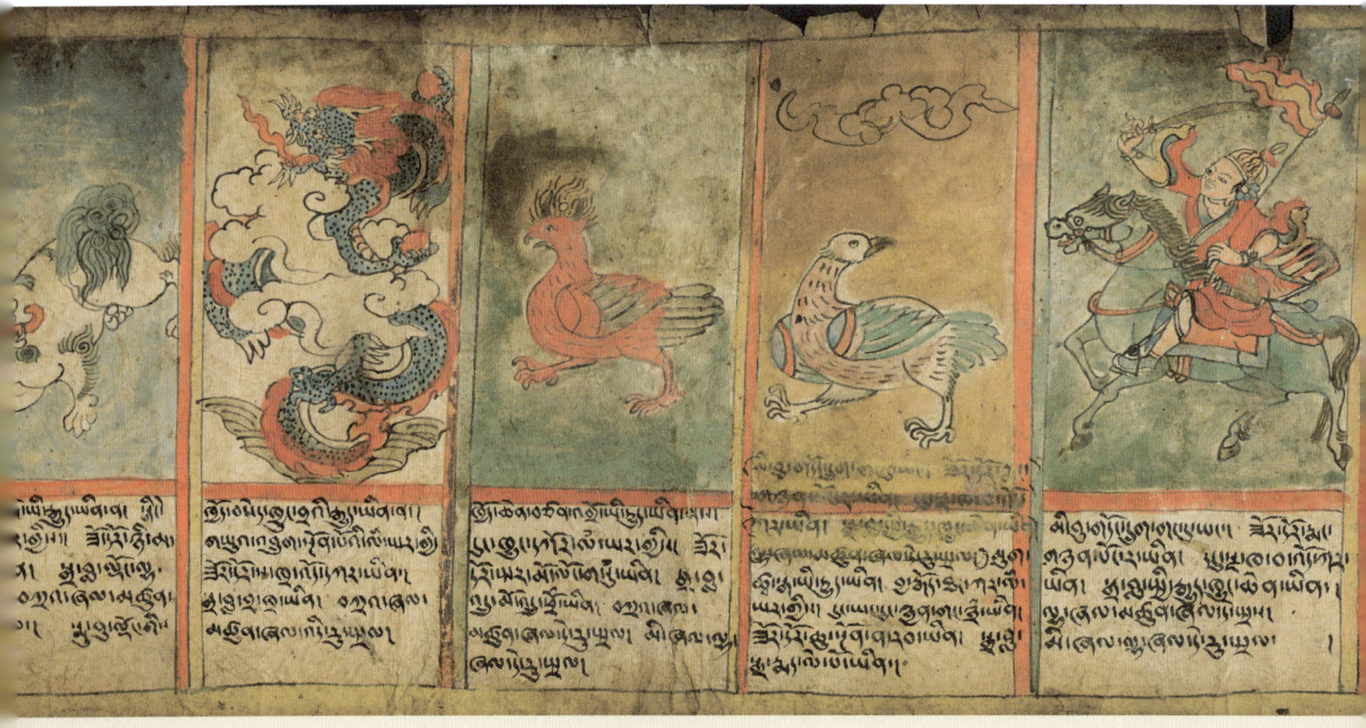

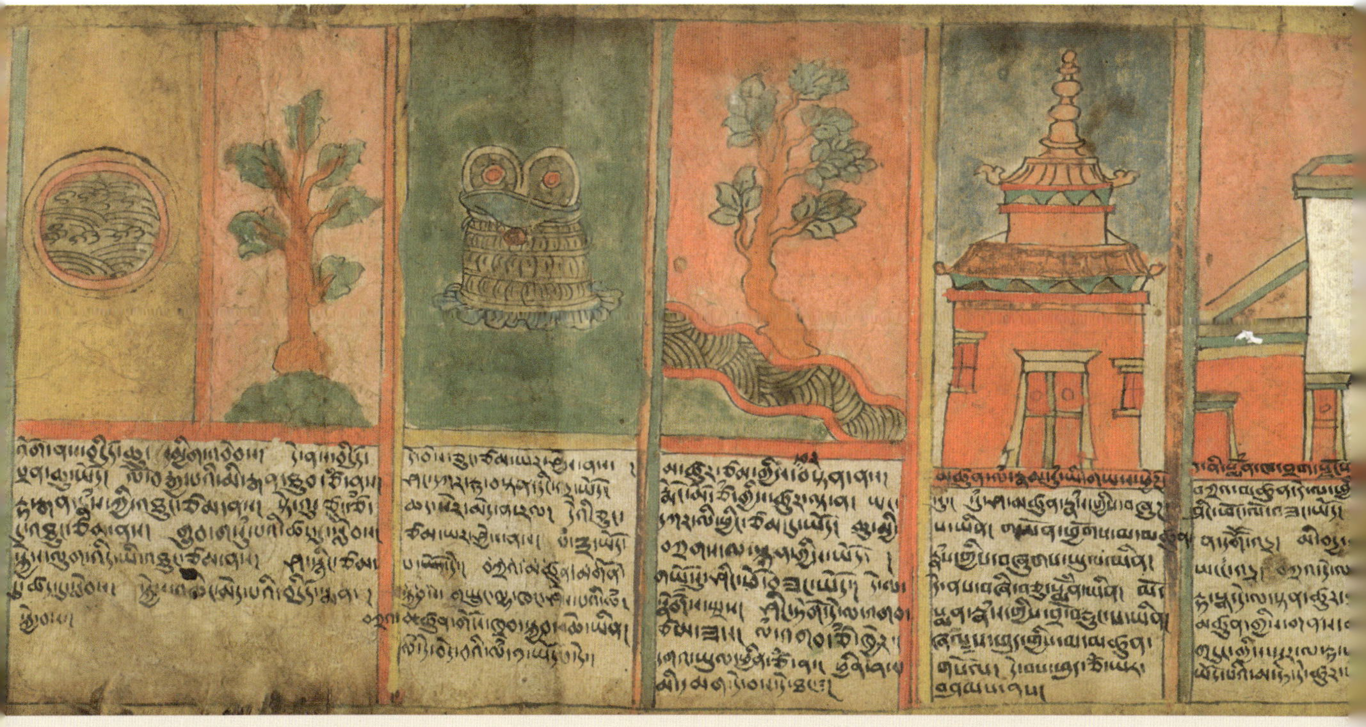

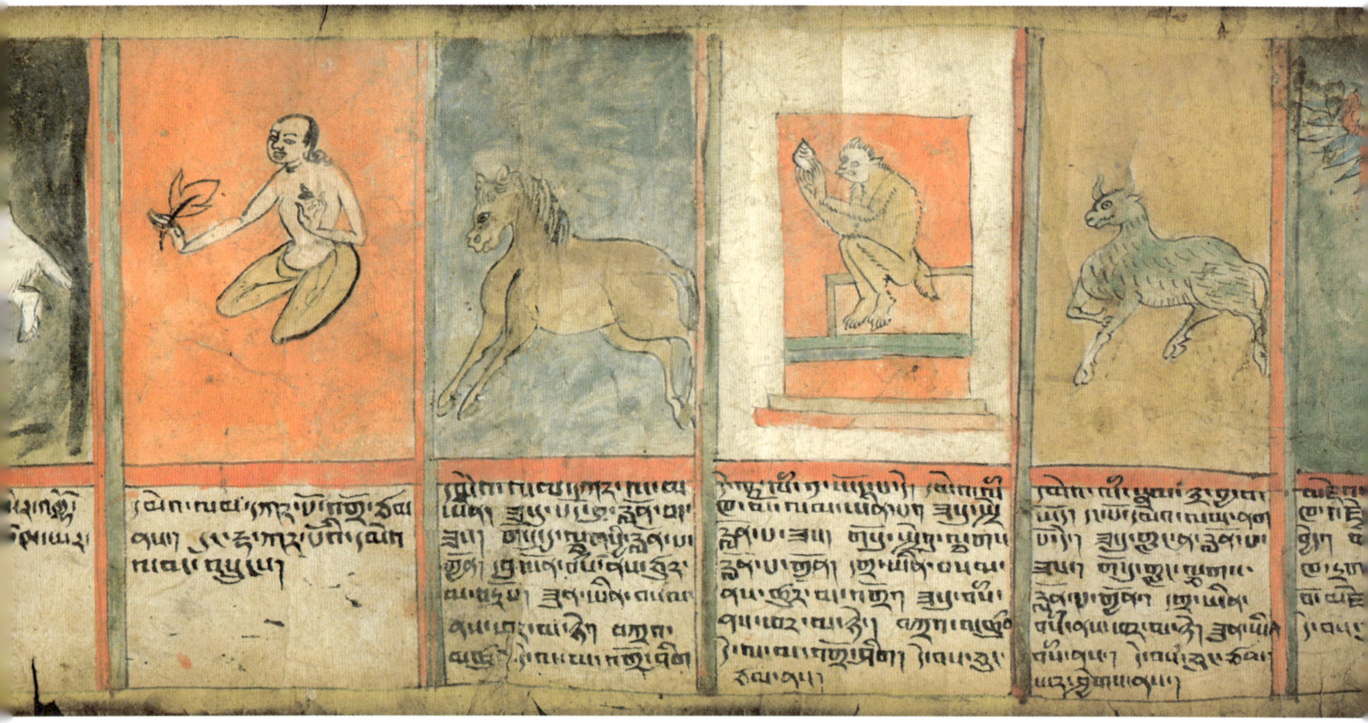

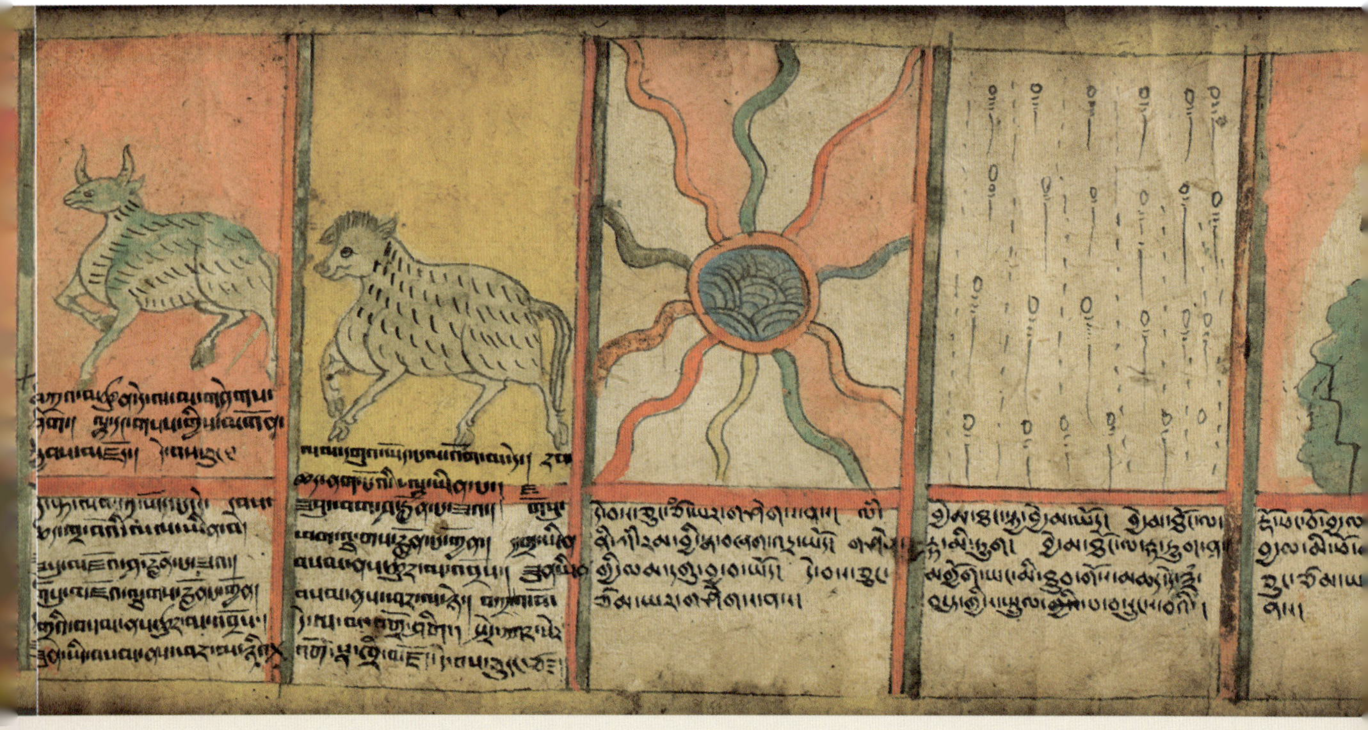

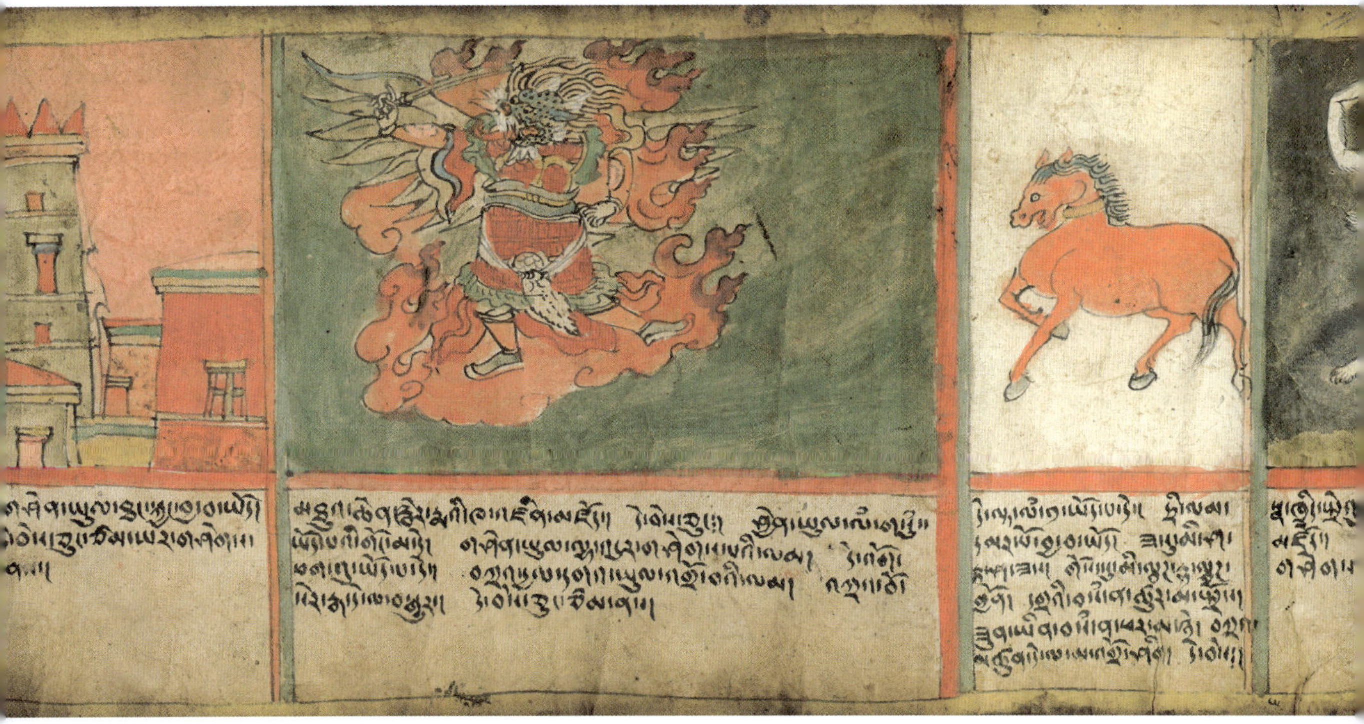

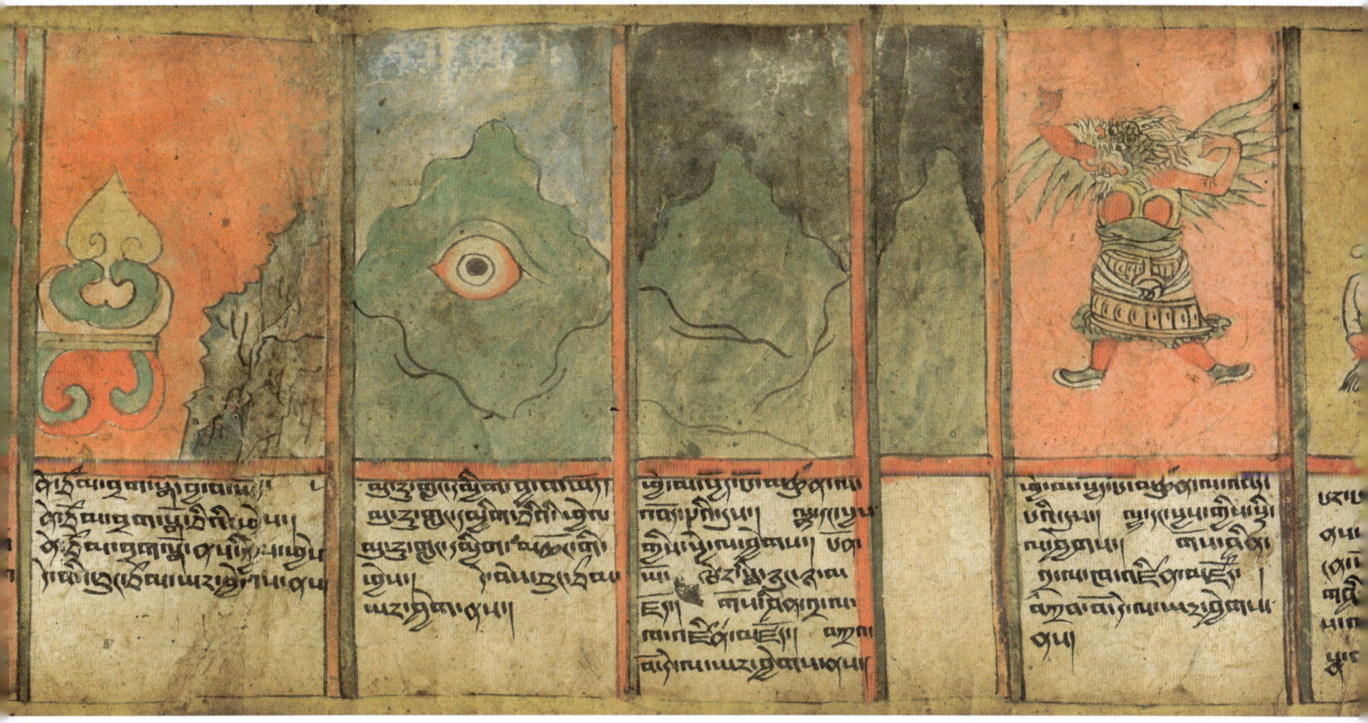

三、摩梭人象形文字
Mosuo Hieroglyphic

《摩梭人三家村格木经》

Gemu Scripture in San Jia Village of Mosuo

经书。1 册，12 页。在四川盐源三家村发现一本《格木经》抄本。达巴阿若则迟乐还在使用该书占卜。

每页一个月，每页 28 格，共 336 格，相当于 336 天。每格有两三个符号。

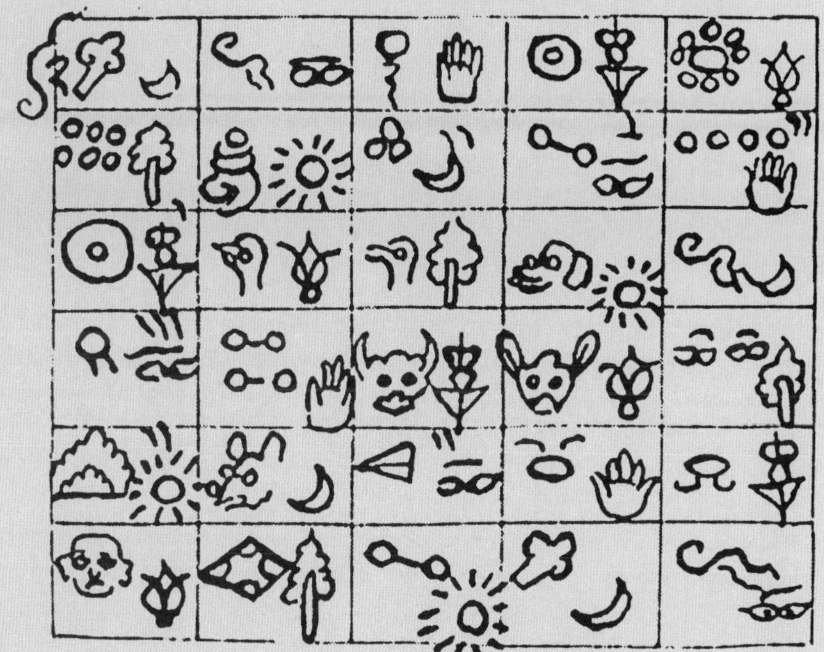

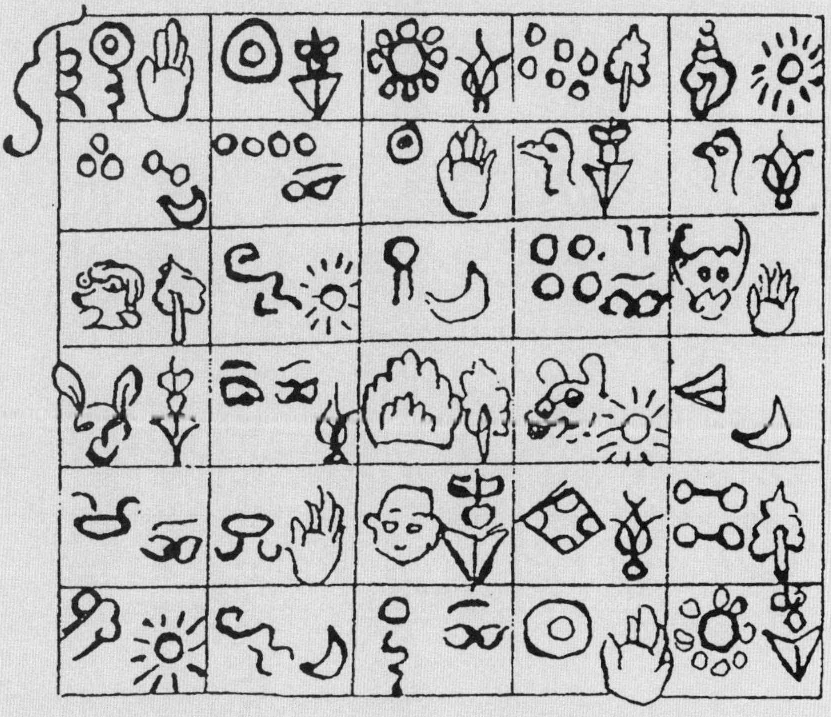

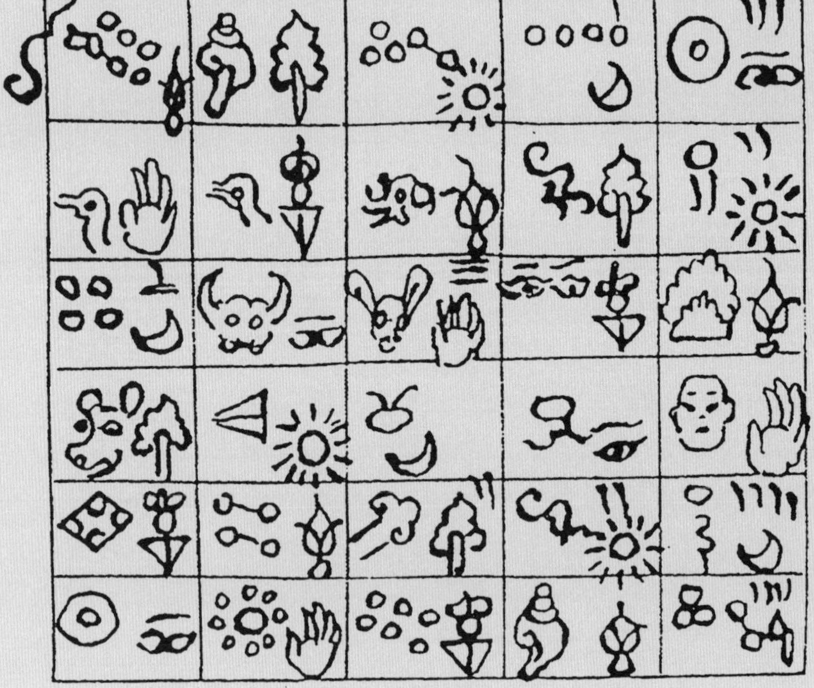

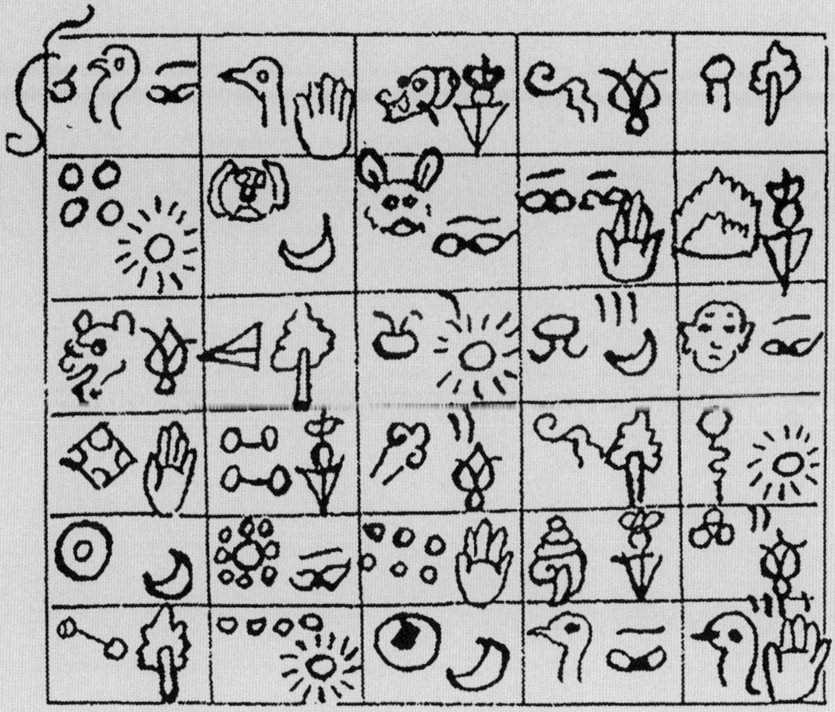

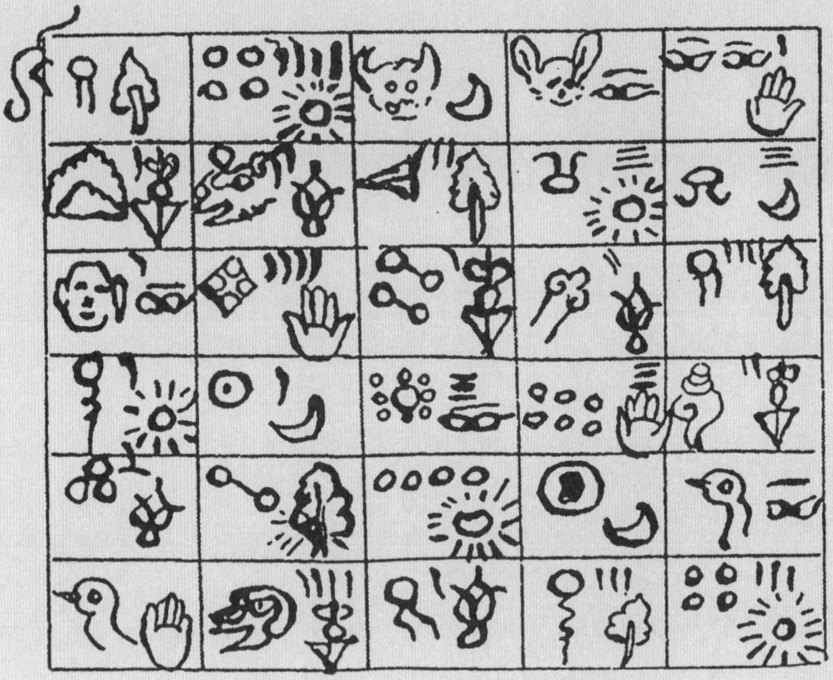

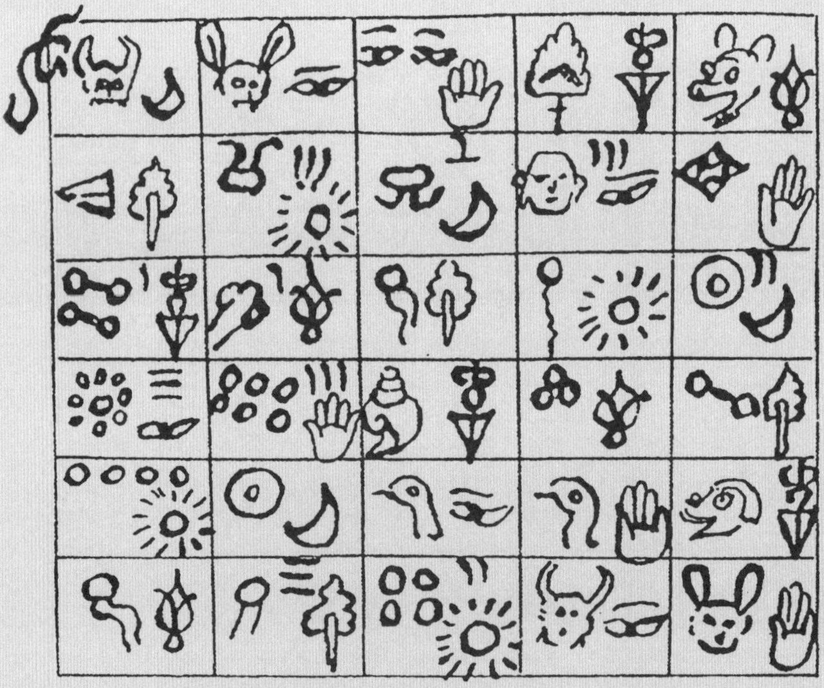

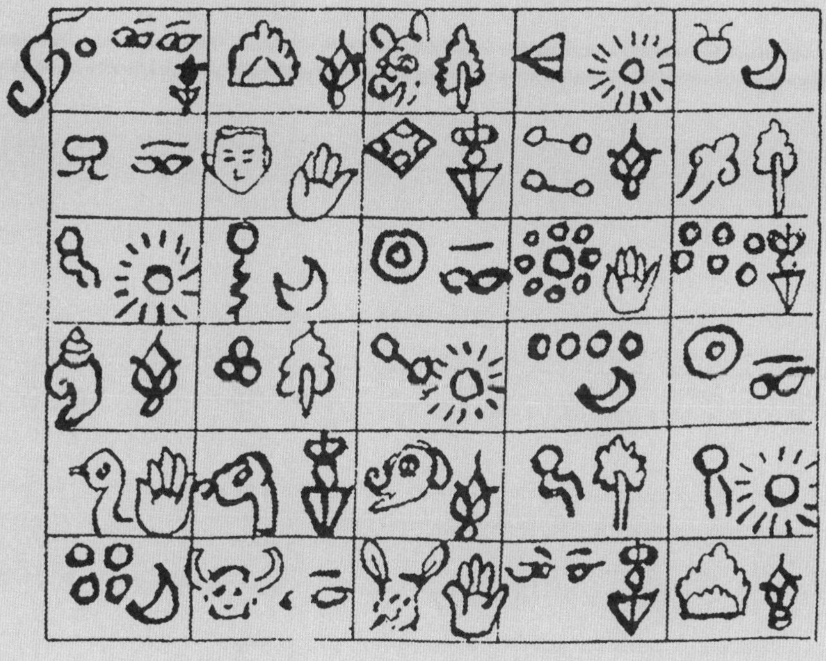

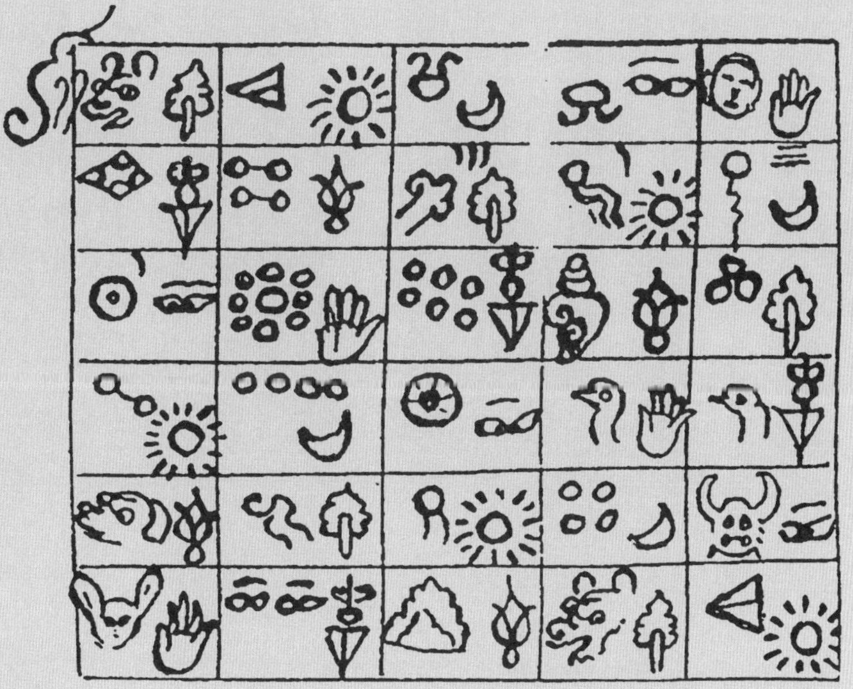

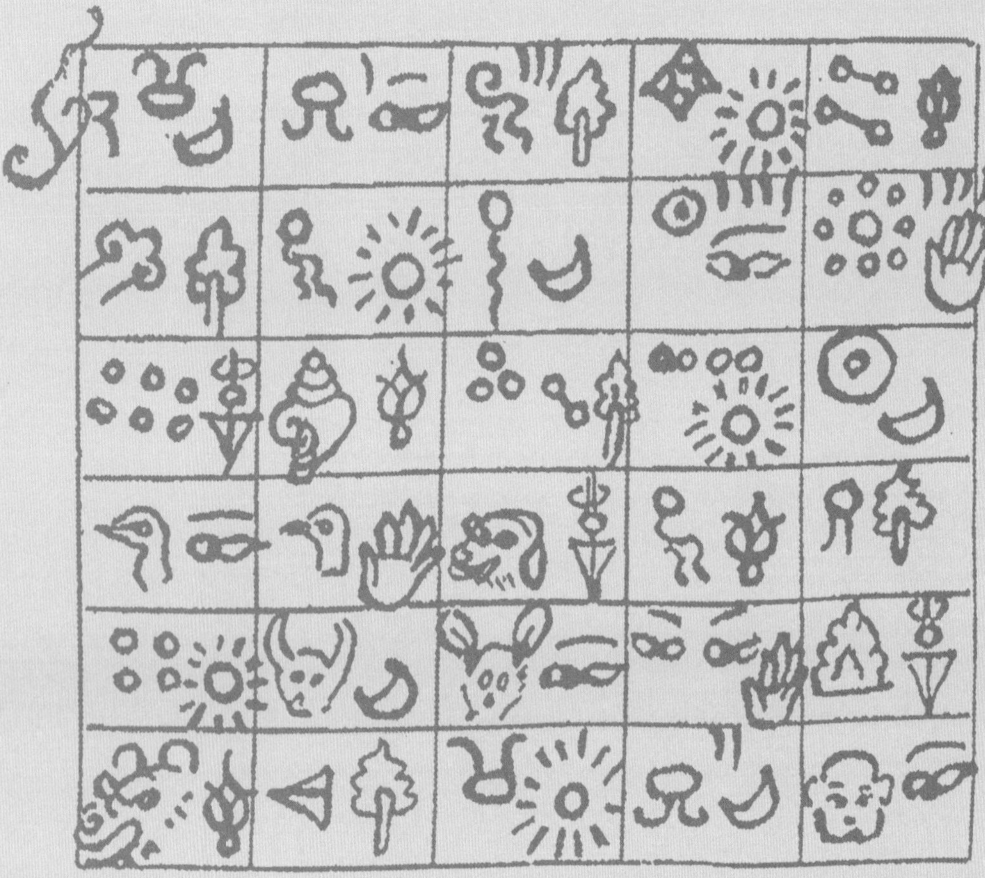

《摩梭人利家嘴格木经（抄本）》

Li Jiazui Sketch Hand-copied Scripture of Mosuo

经书。1 册，12 页。四川木里县屋脚乡利家嘴村发现。

每页一个月，每页 28 格，每格一天，一年 336 天。每格有两三个象形文字，表达该日吉凶祸福。

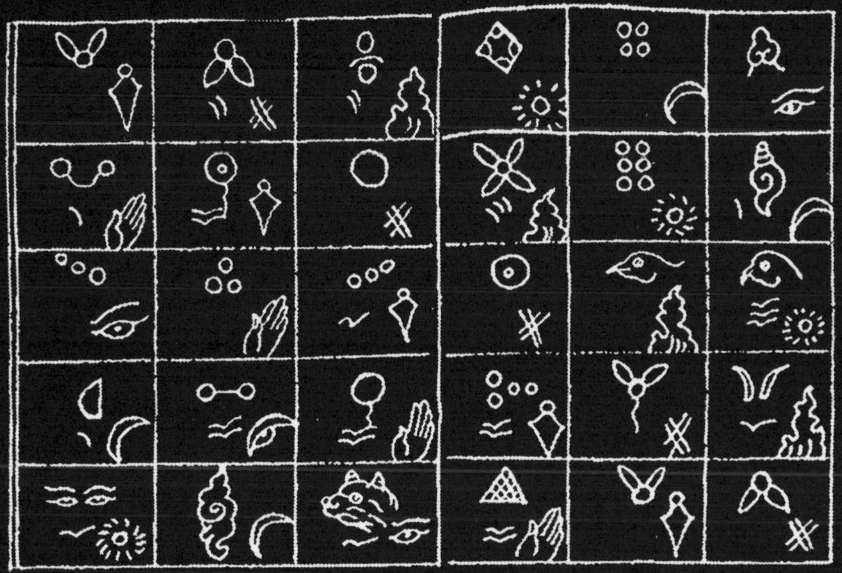

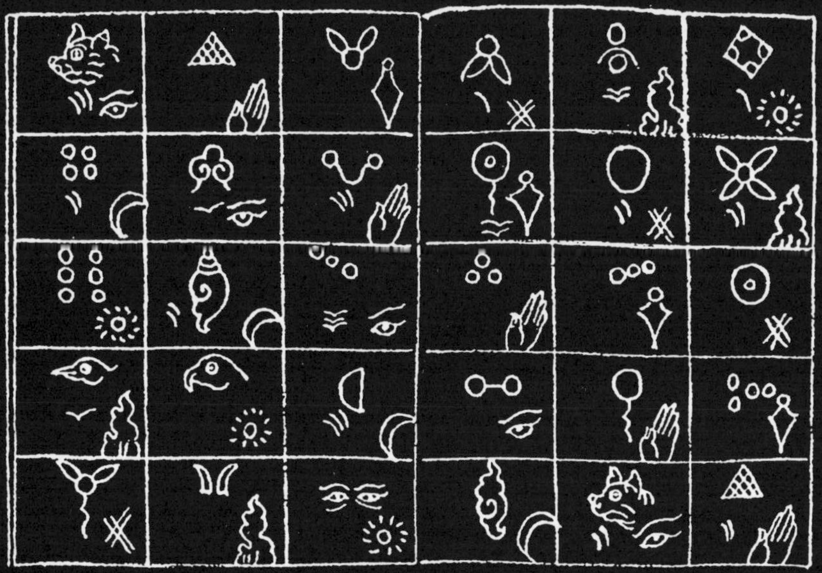

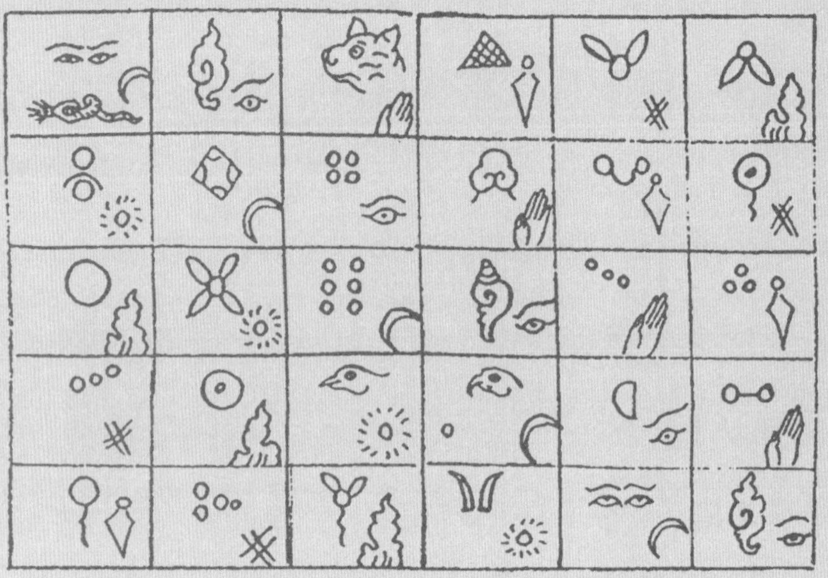

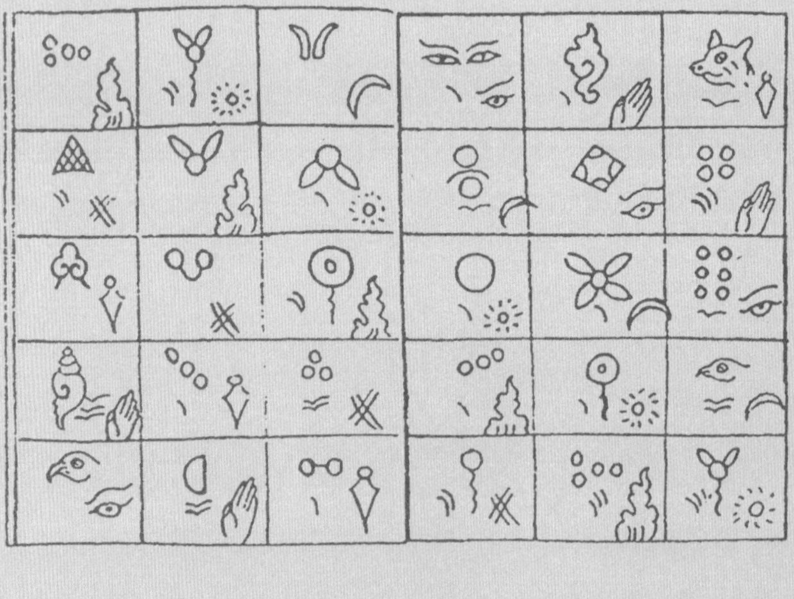

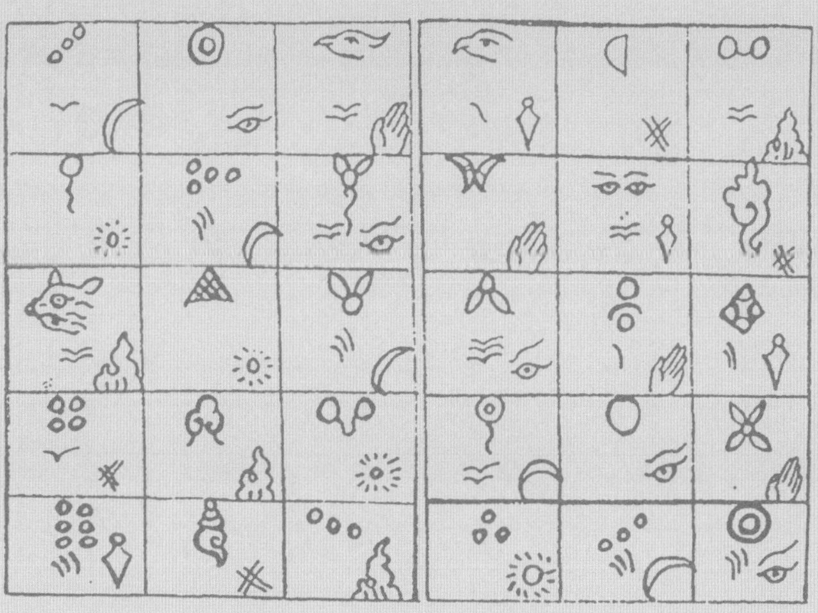

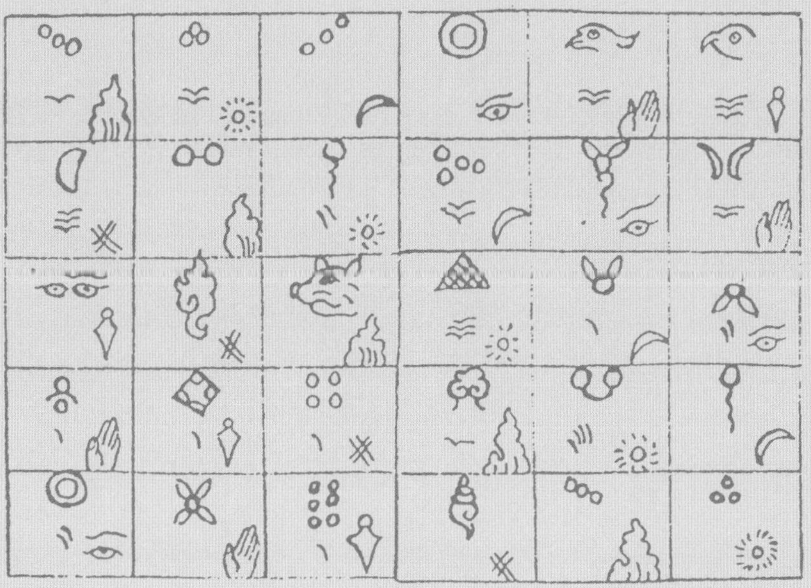

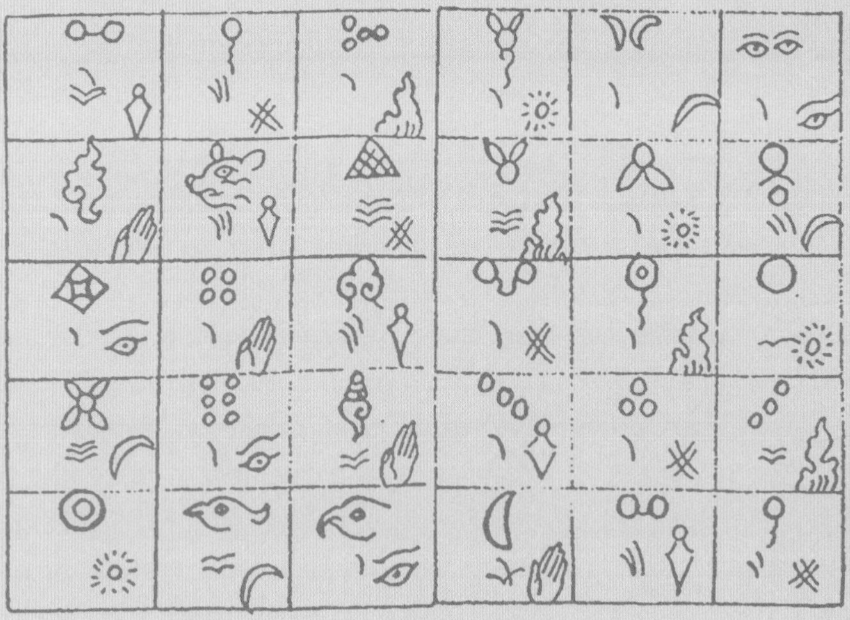

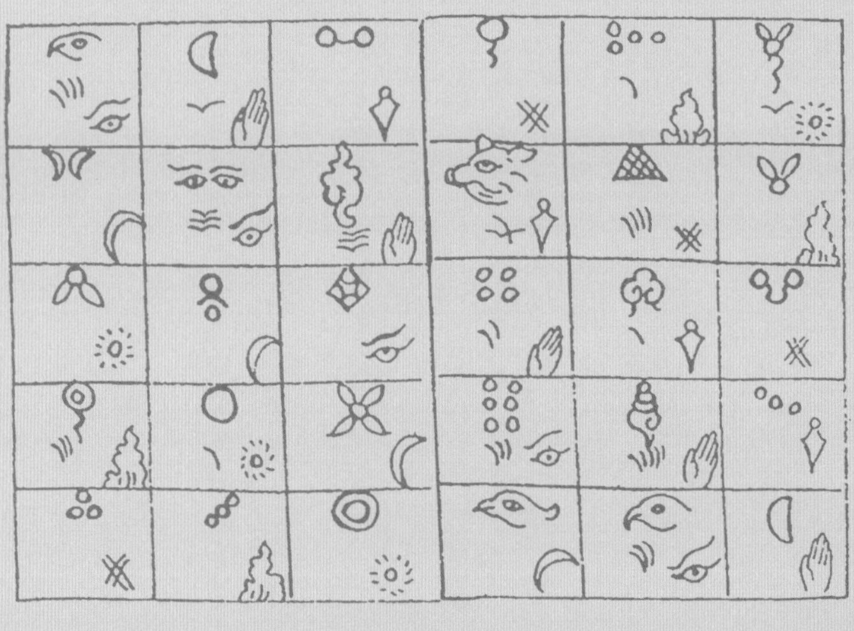

《摩梭人利家嘴格木经（抄本）》

Li Jiazui Sketch Hand-copied Scripture of Mosuo

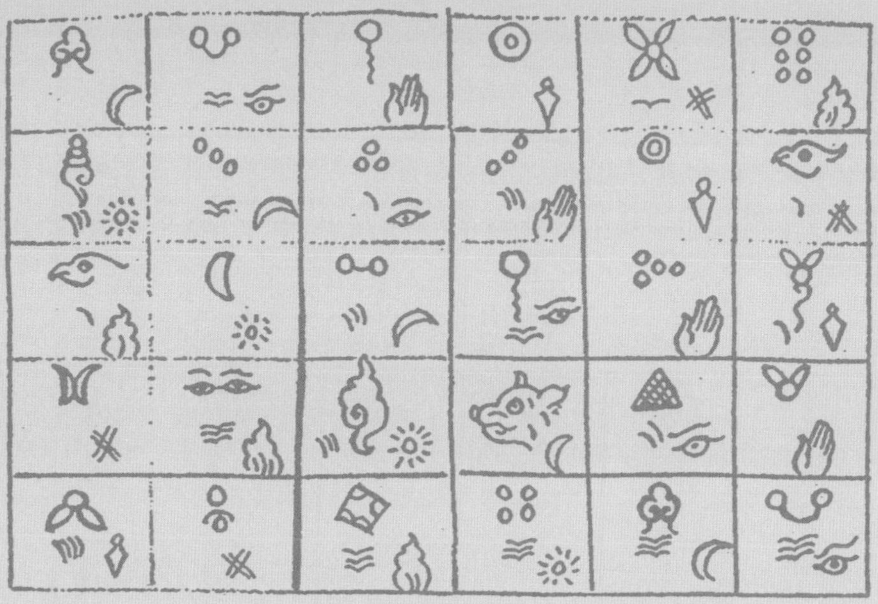

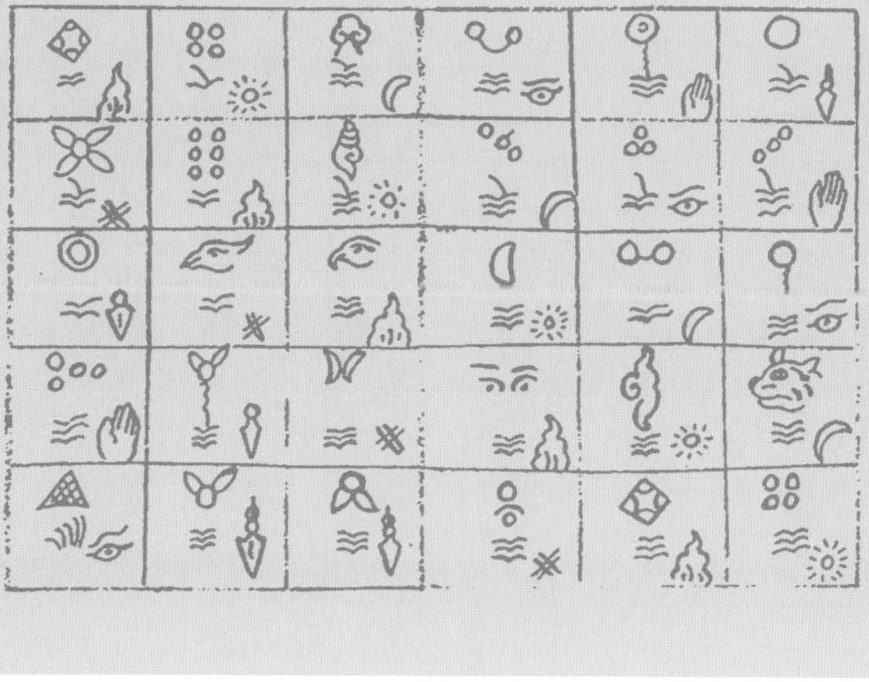

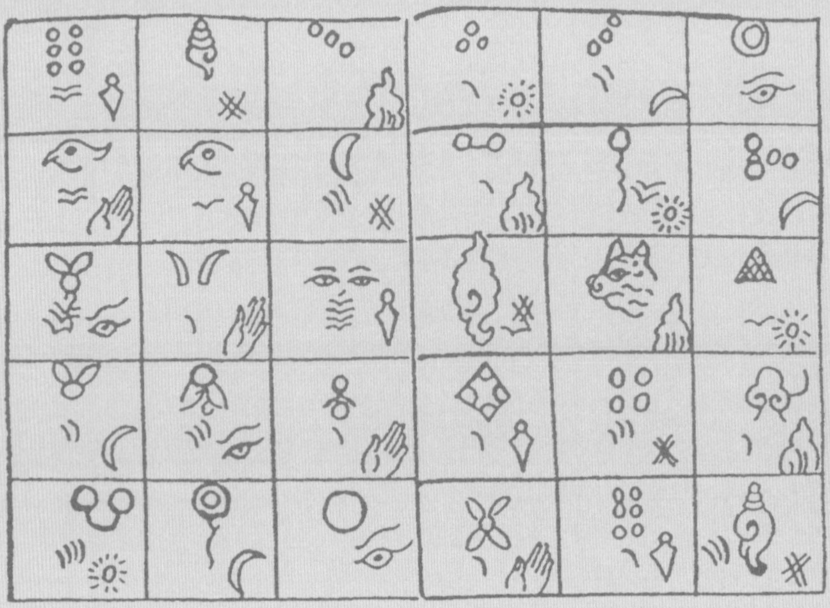

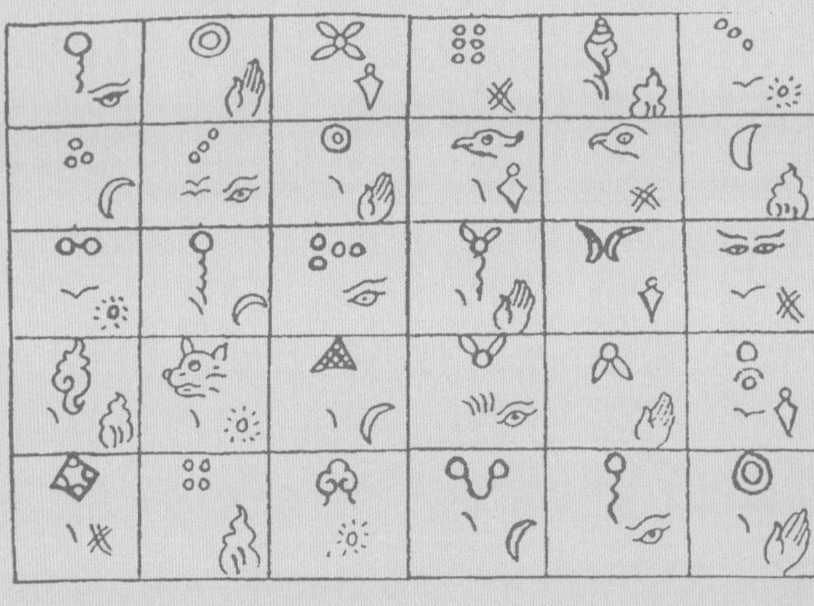

《摩梭人利家嘴彩绘格木经》

Li Jiazui Colored Hand-copied Scripture of Mosuo

经书。1册，12页。四川省木里县屋脚乡利家嘴村发现。

每页一个月，每页28格，每格用两三个象形文字表达该日吉凶祸福。

《摩梭人利家嘴彩绘格木经》

Li Jiazui Colored Hand-copied Scripture of Mosuo

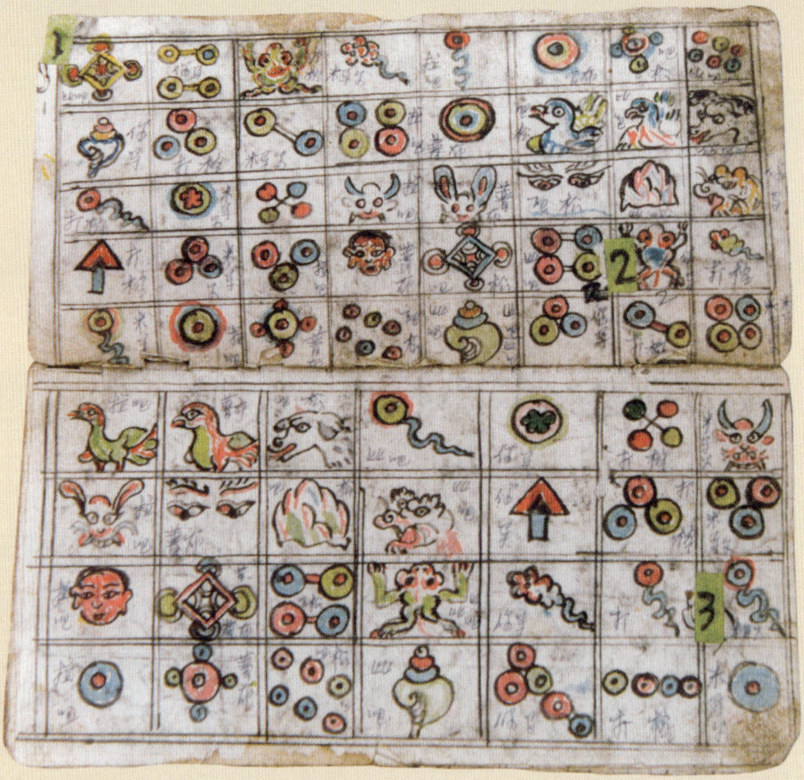
1
2
3

《摩梭人利家嘴彩绘格木经》

Li Jiazui Colored Hand-copied Scripture of Mosuo

四、纳西族东巴画和象形文字

Dongba Painting and Hieroglyphic of Naxi Minority

《俄亚东巴画》

Paintings of Eya Dongba

东巴画。一般长约16厘米，宽约11厘米。这里介绍16幅东巴画。

东巴在举行宗教活动时，经常使用一些小型彩绘绘画，主要内容有东巴神像、动物神和藏传佛教的神祇。一般保存不用，只在进行祭祀时取出来，事后再供奉。

《俄亚占卜经》
Eya Scripture of Divination

经书。高 9.5 厘米，宽 8 厘米。西式翻身，1 册，21 张，43 页，42 页后似缺 1 张。

东巴有许多占卜方法，写成东巴经者也不少。这种小方格东巴经，共二十二张，每张前边有一个神灵符号，其余为东巴文，它相当于一种挂签。在每张上方拴一根线，问卜者取一根线，然后东巴根据该线所系经页，进行解释。

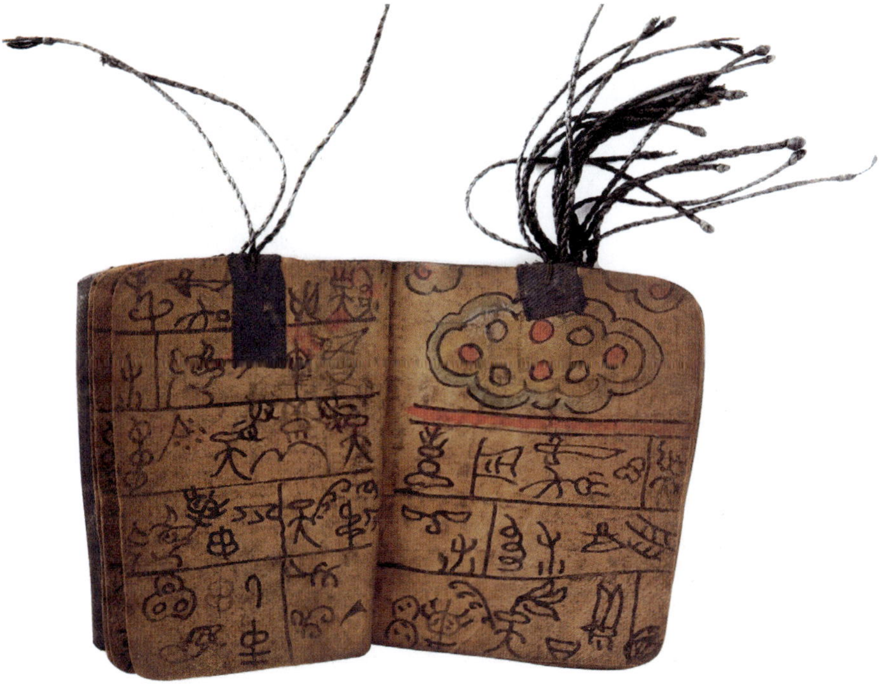

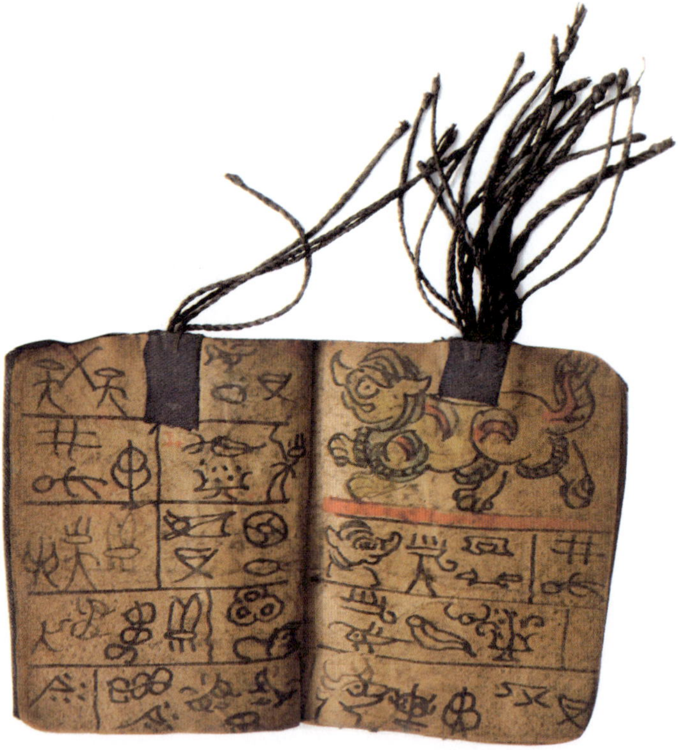

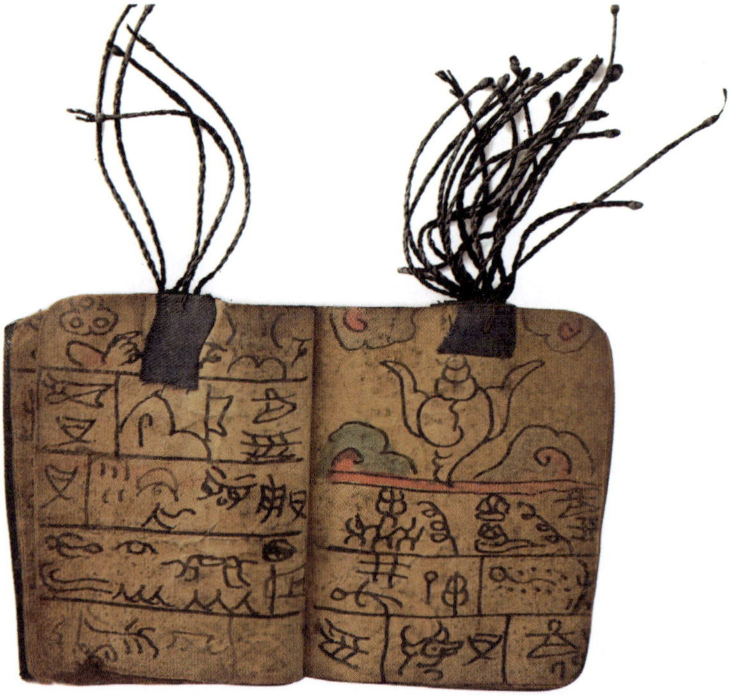

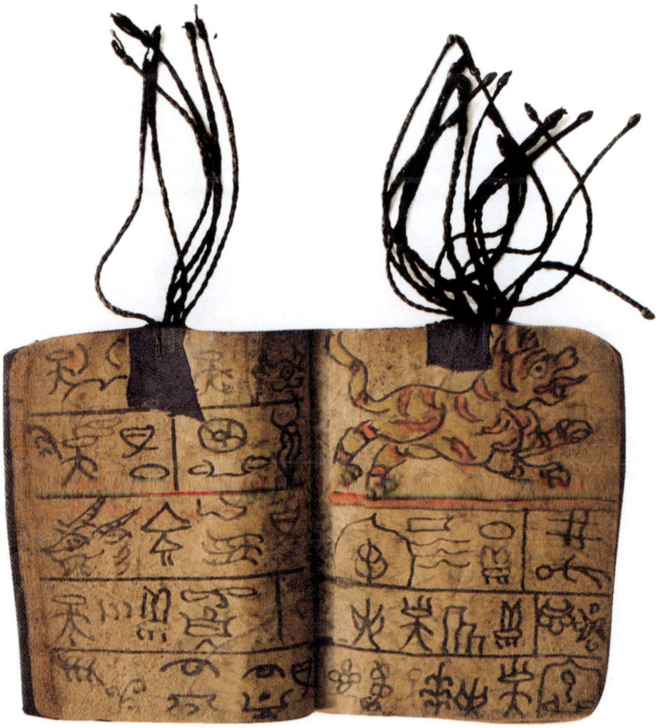

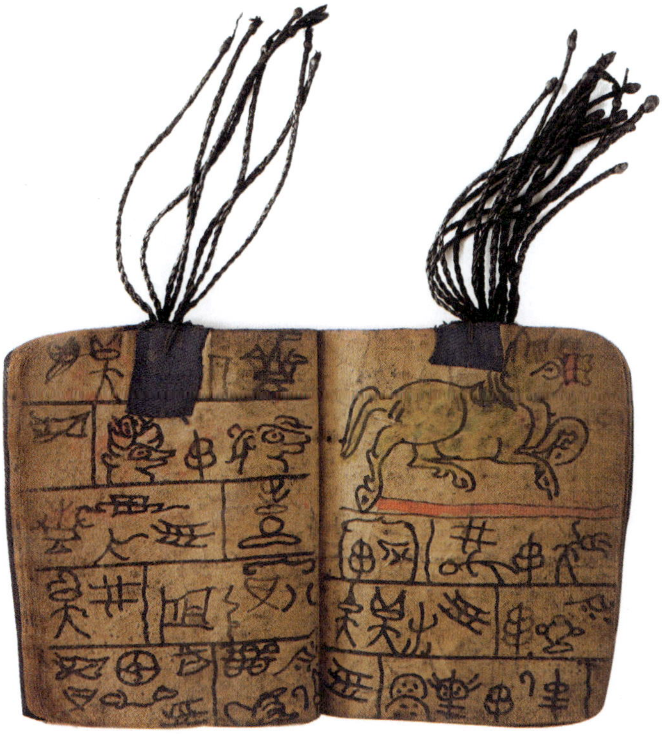

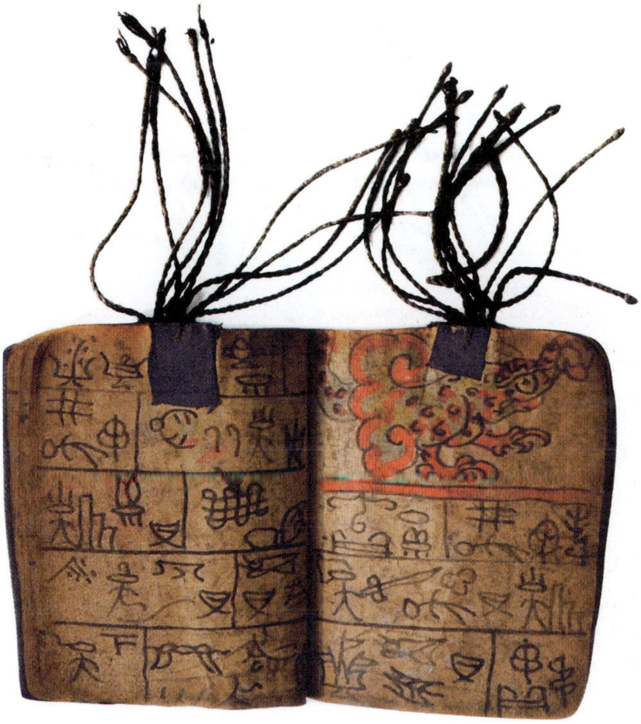

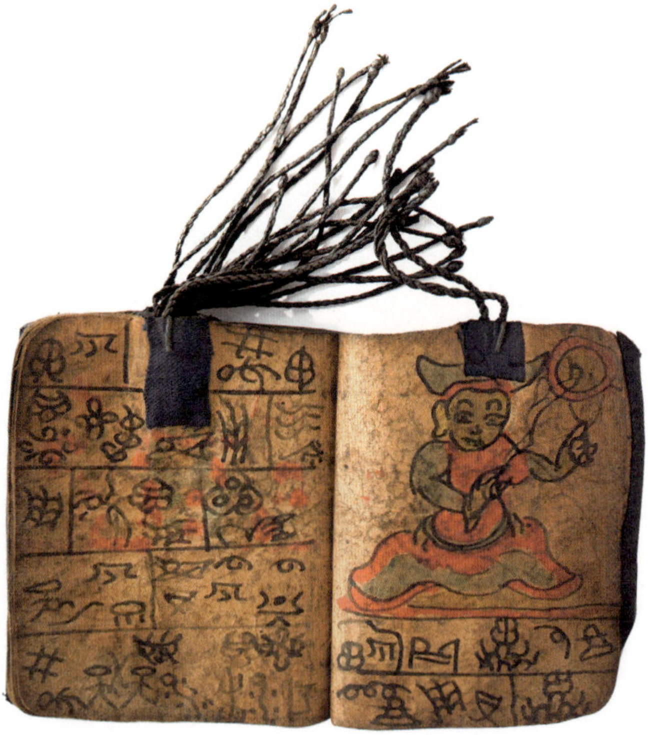

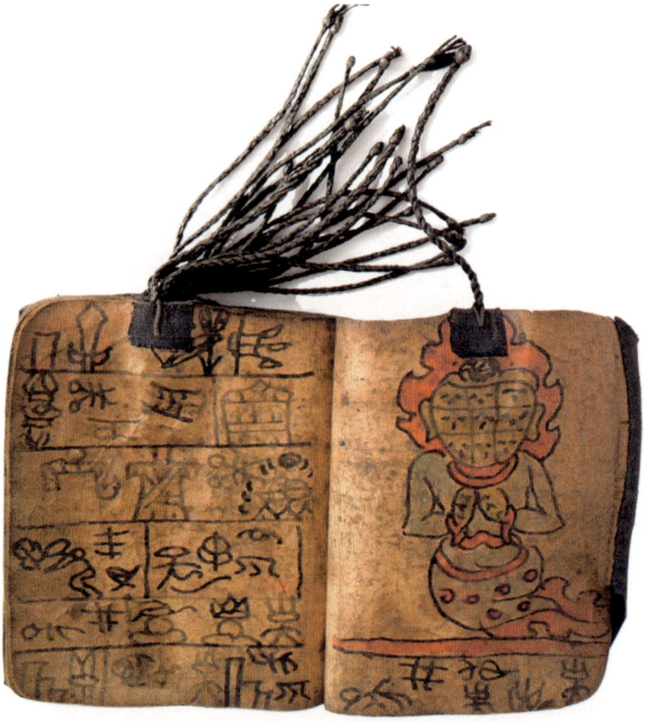